사생대치 시리즈 3

마음도 쑥쑥!, 실력도 쑥쑥!

마음을 키워주는 한국의

위인 이야기 상

독해와 문제풀이를 통한 논술력과 사고력 증진

글 | 이지교육 편집부　그림 | 이남규

이지교육

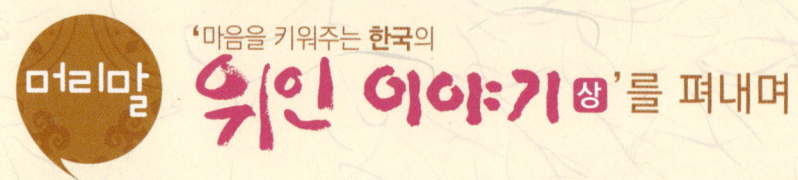

머리말 - '마음을 키워주는 한국의 위인 이야기 상'를 펴내며

부모님께

5천년의 유구한 역사를 자랑하는 우리나라는 역사적으로 많은 어려움을 겪으면서도, 나라에 위기가 닥칠때에는 모두 힘을 합하여 어려움을 극복하고, 찬란한 문화를 꽃피워 왔습니다.

이 책은 반만년을 이어 오는 우리의 오랜역사에서, 백성들의 행복한 삶을 위해 애쓴 왕들과 위기로부터 나라를 구한 장수 등 오늘을 살아 가는 후손들이 꼭 기억하고 본 받아야 할, '한국을 빛낸 위인들'을 중심으로 정리하였습니다.

문장읽기와 독해연습을 통해 간단하게나마 위인들의 삶을 살펴 보며 생활의 지표로 삼고, 미래에 대한 삶의 방향설정을 돕는 한편, 학습의 기초를 다질 수 있도록 하였습니다.

국내 어린이와 이주여성, 재외교민 2세들에게도 자신들의 뿌리를 이해하게 하여 한국인으로서 긍지를 갖게 함은 물론 세계 속의 한국인으로 글로벌 시대에 대비할 수 있도록 하고자 합니다.

아무쪼록 이 책이 어린이들의 국어독해에 기여함은 물론, 아이들의 마음을 키워 큰 꿈을 갖게하며, 보다 성숙한 모습으로 자라는데 도움이 될 수 있기를 기대합니다.

아울러 어린이들에게 역사의식을 바로 심어 주어, 자신들의 미래를 향한 꿈을 설계하는데 작으나마 도움이 될 수 있기를 기원합니다.

이 책의 특징

이 교재는 본문과 연결된 문제를 제시하여 아이들의 독해력을 평가할 수 있도록 정리하였습니다.
첫째 : 위인들의 삶을 살펴 보며 삶의 목표와 방향을 제시하고자 하였습니다.
둘째 : 읽기를 통한 독해력 향상과 문제풀이를 통해 학습의 기초를 다질 수 있도록 하였습니다.
셋째 : 위인들의 삶을 본 받아 '나도 그렇게 될거야!' 하며 애국, 애족의 정신을 깨닫게 하고자 하였습니다.
넷째 : 관련된 그림을 넣어 이해를 돕도록 하였으며, 어려운 어휘는 아랫부분에 정리해 두어 본문을 읽는 도중 바로바로 찾아가며 확인할 수 있도록 하였습니다.

대상

1. '3개월에 한글떼기'로 한글을 완성한 어린이 (읽기 연습용 교재)
2. 초등학교 1~2학년 (내용이해를 통한 독해와 문제풀이)
3. 이주여성이나 다문화 가정의 어린이 (한국의 역사적 인물 이해)
4. 재외교민과 한국문화에 관심 있는 외국인(한국의 역사적 인물 이해)

효과

자라나는 어린이들에게, 독해는 물론 읽기와 문제 풀이를 통해 '한국을 빛낸 위인들'에 대해 알아 가는 사이에, 민족의식과 애국심을 갖게될 것입니다.
아울러 글 읽기를 통해 아이들이 생각하는 힘을 기를 수 있음은 물론, 학습에도 크게 도움이 될 것입니다.

이 책은 한 번 읽고 버리는 문제집이 아닙니다.
충분히 읽어 내용을 이해한 다음 문제를 풀어 보고, 틀린문제를 확인하여 정리해 본다면 독서습관이나 책에 대한 흥미유발은 물론, 차곡차곡 쌓이는 지식은 학습의 튼튼한 밑바탕이 될 것입니다.

이어지는 책 '한국의 전래동화, 한국의 역사, 한국의 문화' 등으로 지도하신다면 학습의 깊이를 더 할 수 있을 것입니다.

2013년 4월 15일
이지교육 편집부

여러분!

'위인'이란 국가나 민족 또는 인류의 발전에 영향을 끼친 '본 받을 만한 사람'을 가리키는 말로, 위인들의 삶을 공부하는 과정에서 자신의 꿈을 키우고, 삶을 이끌어 주는 등불 같은 역할을 하는 분들이랍니다.

우리나라 역사에서도 영토를 넓혀 우리민족의 기상을 떨친 위인들, 위기로부터 나라를 구한 위인들, 학문을 크게 발전시킨 위인들 등 본 받을 만한 위인들이 많이 있습니다.

큰 뜻을 품고 자신의 목표를 이루기 위해 열심히 노력하다 보면 정말로 '그렇게 되는 것'을 체험하게 될 것입니다.
여러분이 목표로 하는 그런 위인, 바로 미래의 여러분 자신입니다.

나보다는 우리를 또, 나라를 생각했던 위인들의 모습을 머릿속에 그려보며, 세계화 시대에 맞춰 폭넓은 사고로 큰 꿈을 갖고, 미래를 준비하기 바랍니다.

이 책에서는 '한국을 빛낸 위인들'을 중심으로 정리하였으니, 각각의 위인들을 마음에 새겨 두고, 생활의 기준으로 삼기 바랍니다.

이 책을 읽는 중에 자신이 가장 존경할 만한 위인을 마음 속에 새겨 두고 읽는다면, 세상을 보는 눈이 크게 달라짐을 느끼게 될 것입니다.

자, 지금부터 우리민족의 큰 별들, 한국을 빛낸 위인들의 삶을 살펴 보며 여러분의 미래를 준비하러 떠나 볼까요?

2013년 4월 15일
글쓴이

독해와 문제풀이를 통해
논술력과 사고력 증진을 위한 **책 구성** 미리 보기

본문
단락에 대한 내용을 정리 했습니다.

그림
본문에 대한 내용을 표현하여, 시각적 효과를 통해 이해를 돕도록 했습니다.

문제
본문에 대한 독해력을 평가하는 내용으로 문제를 제시했습니다.

말풍선
본문에서 부족한 설명을 보충하여 이해를 돕도록 했습니다.

낱말풀이
본문 내용 중 어려운 어휘를 찾아 볼 수 있도록 쉽게 풀어놓았습니다.

정답
각 페이지별로 정답을 정리 했습니다.

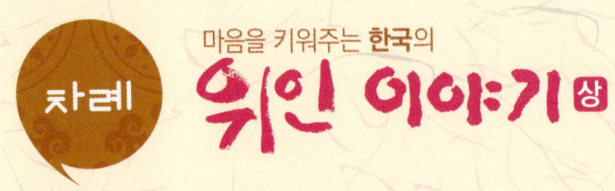

머리말_6

첫 번째 이야기
위대한 나라 건설 광개토대왕_14

두 번째 이야기
문무를 겸비한 을지문덕 장군_30

세 번째 이야기
삼국통일을 이룬 김유신 장군_52

네 번째 이야기
바다의 왕자 장보고_66

다섯 번째 이야기
한글을 만드신 세종대왕_88

여섯 번째 이야기
노비에서 발명왕이 된 장영실_102

맺는말_116

정답_120

마음을 키워주는 한국의
위인 이야기 상

첫 번째 이야기
위대한 나라 건설
광개토대왕

두 번째 이야기
문무를 겸비한
을지문덕 장군

세 번째 이야기
삼국통일을 이룬
김유신 장군

첫 번째 이야기
위대한 나라 건설 광개토대왕

　광개토대왕은 서기 374년, 고구려 제18대 고국양왕의 아들로 태어났습니다. 어렸을 때 이름은 담덕입니다. 담덕은 '어질고 큰 덕을 지닌 사람'이라는 뜻입니다. 왕자는 어려서부터 활쏘기와 말타기를 잘하고 *용맹스러웠습니다.

　담덕 왕자는 13살이 되던 해에 태자가 되었습니다.

　"경들은 들으시오. 오늘부터 담덕 왕자를 태자로 정하겠소."

　고국양왕은 궁전에서 대신들을 모아 놓고 이렇게 말했습니다.

　태자가 된 담덕은 13살이라고는 믿어지지 않을 만큼 *늠름했습니다.

　이 소식이 궁 밖에 알려지자 모든 백성들도 담덕이 태자가 된 것을 진심으로 기뻐했습니다.

다음 문제를 읽고 물음에 답하세요.

1 광개토대왕의 어렸을 때 이름인 '담덕'의 뜻은 무엇인가요? (   )

① 담대하고 덕망 있는 사람　② 어질고 큰 덕을 지닌 사람
③ 담력 있고 덕스러운 사람　④ 대담하고 어진 사람

2 13살에 태자가 된 담덕에 대해 바르게 말한 것은 어느 것인가요? (   )

① 지혜롭고 총명했다.　② 활쏘기와 말타기를 잘했다.
③ 용감하였다.　④ 책 읽기를 좋아했다.

3 담덕이 태자가 되었다는 소식을 들은 백성들은 어떻게 생각했나요? (   )

① 기뻐하였다.　② 시기하고 질투하였다.
③ 반대하였다.　④ 아무 생각도 없었다.

4 다음 문장을 읽고 옳은 낱말에 ○표 하세요.

> 태자는 13살이라고는 믿어지지 않을 만큼 늠름, 늠늠 했다.

낱말공부

***용맹** : 용감하고 사나움.
***늠름하다** : 생김새나 태도가 의젓하고 당당하다.

　그들은 왕자가, 어린 나이에 호랑이 사냥을 할 만큼 용감할 뿐만 아니라, 지혜롭고 *총명하다는 것을 잘 알고 있었습니다.
　고국양왕은 태자가 된 담덕을 자신의 방으로 부른 후, 눈을 지그시 감고 말했습니다.
　"태자야, 내 말을 잘 들어라! 장차 왕이 되거든,
　첫째, 백성을 자식처럼 사랑하는 *어진 왕이 되어야 한다.
　둘째, 나라의 힘을 키워 백제군에 돌아가신 네 할아버지의 *원한을 반드시 갚아야 할 것이며,
　셋째, 중국 오랑캐들에게 빼앗긴 요동 땅을 다시 찾아야 한다."
　"아바마마, 말씀을 깊이 새겨 반드시 지키겠습니다."
　어리지만 태자의 목소리에서 힘과 믿음이 느껴졌습니다.

　태자의 할아버지는 고국원왕입니다. 고국원왕은 371년, 고구려로 쳐들어온 백제의 근초고왕과 평양성에서 맞서 싸우다가 *전사했으며 중국 '후연'의 침공으로 요동 땅을 빼앗겼던 것입니다.
　아버지 고국양왕은 이 두 가지 일이 뼈에 *사무쳐, 아들에게 *간곡히 부탁한 것입니다.

*총명 : 썩 영리하고 재주가 있음
*어진 : 마음이 너그럽고 착하며 슬기로운
*원한 : 억울하고 원통한 일을 당하여 응어리진 마음
*전사 : 전장에서 싸우다 죽음
*사무쳐 : 원한이나 고통 따위가 깊고 강함
*간곡한 : 태도나 자세 따위가 간절하고 정성스러운

다음 문제를 읽고 물음에 답하세요.

1 다음은 고국양왕이 태자를 불러 당부한 세 가지의 내용입니다. 빈칸을 채워 보세요.

> 첫째, ☐☐ 을 자식처럼 사랑해야 한다.
>
> 둘째, 나라의 힘을 키워 백제군과의 전쟁에서 돌아가신,
>
> 네 할아버지의 ☐☐ 을 반드시 갚아야 할 것이며,
>
> 셋째, 중국 오랑캐들에게 빼앗긴 ☐☐☐ 을 반드시 되찾아야 한다.

2 태자의 할아버지 고국원왕은 언제 전사했나요? ( )

① 후연의 침공으로 싸우다 전사했다.
② 백제의 근초고왕과 평양성에서 싸우다가 전사했다.
③ 신라에 쳐들어온 왜구를 물리치다가 전사했다.
④ 후연을 되찾기 위해 싸우다가 전사했다.

> 뜻과 함께 낱말을 익혀 두어야 바르게 쓸 수 있어요.
> 반드시 : 기필코, 꼭
> 반듯이 : 곧고 바르게

3 다음 문장을 읽고 옳은 낱말에 ○표 하세요.

> "네 할아버지의 원한을 반듯이, 반드시 갚아야 한다."

 고국양왕이 세상을 뜨자, 담덕 태자는 18살의 어린 나이로 고구려의 19대 왕의 자리에 올랐습니다.
 이 분이 우리 역사상 나라를 가장 크게 넓힌 광개토대왕입니다.
 광개토대왕은 '영락'이라는 *연호를 사용했는데, 이는 우리나라 최초의 ***독자적**인 연호입니다. 독자적인 연호를 사용한 것은 중국과 ***대등**하다는 것을 널리 알리기 위해서였습니다.
 광개토대왕은 말을 많이 사들이고, 좋은 무기를 만들며 군사를 모집해 강하게 훈련을 시켰습니다. 1년 만에 10만 대군이 되었습니다.

다음 문제를 읽고 물음에 답하세요.

1 고구려 19대 왕은 누구인가요? (   )

① 고국원왕   ② 고국양왕   ③ 광개토대왕   ④ 장수왕

2 광개토대왕이 사용한 연호에 대해 **잘못** 말한 것은 어느 것인가요? (   )

① 중국에서 정해준 연호이다.
② '영락'이라는 연호를 사용하였다.
③ 우리나라 최초의 독자적 연호이다.
④ 중국과 대등하다는 것을 널리 알리기 위함이다.

3 광개토대왕은 왕위에 오르자마자 한 일이 **아닌** 것은 어느 것인가요? (   )

① 말을 많이 사들였다.   ② 좋은 무기를 만들었다.
③ 백제와 화해를 하였다.   ④ 군사를 강하게 훈련 시켰다.

4 광개토 대왕은 어떤 사람인가요?

역사상 나라를 □□□□□□ 왕입니다.

낱말공부

***연호** : 중국이나 우리나라에서 군주의 치세(治世)에 붙이는 칭호. 새로 임금이 즉위한 이듬해를 원년으로 하여 햇수를 세었다.
***독자적** : 다른 것과 구별되는 혼자만의 특유한 것
***대등** : 서로 견주어 높고 낮음이나, 낫고 못함이 없이 비슷함

　*이듬해인 392년 7월, 5만의 군사를 이끌고 백제를 공격하여 10여 개의 성을 빼앗았습니다.

　396년에는 광개토대왕이 직접 백제를 공격하여 백제 아신왕의 항복을 받았으며, 백제 58개의 성과 700개의 마을을 차지하고 왕의 동생을 비롯한 많은 사람을 *인질로 잡아왔습니다.

　그러던 어느 날, 백제와 친밀한 관계를 맺고 있던 왜구가 신라를 공격해 왔습니다. 광개토대왕은 신라 내물왕의 요청으로 5만 명의 군사를 보내 왜구를 몰아내기도 했습니다.

　광개토대왕이 왜구 *토벌을 하는 사이, 후연이 고구려를 침략하여 두 개의 성을 빼앗아 갔습니다. 광개토대왕은 북쪽으로 칼을 빼 들었습니다. 특히 요동 땅은 일찍이 아버지 고국양왕이 빼앗긴 땅이었던 것입니다.

　"오냐, 조금만 기다려라. ㉠잃어버린 요동 땅을 찾으러 가겠다."

　광개토대왕은 굳게 결심하고 전쟁 준비에 들어갔습니다. 6만의 군사를 모아 피나는 훈련을 거듭했습니다.

*이듬해 : 바로 다음의 해
*인질 : 약속을 지키도록 잡아 두는 사람. 같은 말 : 볼모
*토벌 : 무력으로 쳐서 응징함

1 다음 □ 안에 알맞은 말을 본문에서 찾아 써 보세요.

> 10만 대군을 양성한 광개토대왕은 군사 5만을 이끌고, □□를 공격하여 □□ 개의 성을 빼앗았습니다.

2 왜구가 쳐들어오자, 고구려에게 도와달라고 사신을 보낸 신라의 왕은 누구였나요?

3 광개토대왕이 되찾으려고 한 땅은 어느 곳인가요?

 땅

4 ㉠잃어버린 의 뜻이 잘못 쓰인 것은 어느 것인가요? (　　)

① 장갑을 잃어버렸다.
② 친구와 만나기로 한 날짜를 잃어버렸다.
③ 내가 아끼는 인형을 잃어버렸다.
④ 누나의 신발을 잃어버렸다.

> '잊어버리다'는 '생각이나 기억을 하지 못하다'라는 뜻으로 쓰일 때 사용하고, '잃어버리다'는 '물건이 없어졌다'는 뜻으로 사용해요.

그러던 어느 날, 후연의 수많은 군사가 고구려를 ㉠<u>침략</u>했습니다. 광개토대왕은 이 소식을 듣고 모든 군사들에게 명령을 내렸습니다.

"용맹한 고구려의 군사들이여! 후연이 쳐들어오고 있다. 그동안 훈련한 여러분의 용맹을 보여줄 때다! 후연을 쳐부수고 우리의 요동 땅을 되찾자!"

광개토대왕의 연설에 고구려군의 사기는 하늘을 찌를 듯 높았습니다. 고구려군은 후연군을 물리치고 얼마 전에 빼앗긴 두 개의 성을 되찾았습니다. 마침내 *요하를 건너 적의 *요충지인 숙군성으로 ㉡<u>나아갔습니다.</u>

숙군성을 지키는 장수는 모용귀였습니다.

광개토대왕은 화살에 편지를 매달아 성 안으로 쏘았습니다.

모용귀는 편지를 펼쳤습니다.

"성문을 열고 항복하라. 항복하지 않으면 모두 죽이겠다."

잠시 뒤, 광개토대왕 진영으로 화살이 날아왔습니다. 화살에는 모용귀의 *답신이 달려 있었습니다.

"항복은 못한다. 돌아가지 않으면 *불벼락을 내리겠다."

광개토대왕은 답신을 보자마자 군사들에게 *후퇴 명령을 내렸습니다.

낱말공부

*요하 : 중국 동북지방 남부 평원을 흐르는 강
*요충지 : 군사적으로 아주 중요한 지역
*답신 : 회답으로 통신이나 서신을 보냄
*불벼락 : 갑자기 심한 사격을 받거나, 불을 뒤집어쓰는 일을 비유적으로 이르는 말
*후퇴 : 싸우다가 뒤로 물러남

다음 문제를 읽고 물음에 답하세요.

1 숙군성을 지키는 장수는 누구였나요?

2 ⓒ나아가다의 반대말을 본문에서 찾아 써 보세요.

> '나아가다'의 반대말은 '물러나다'에요. '물러나다'의 뜻을 가진 단어를 찾아보세요.

3 광개토대왕이 보낸 편지의 내용은 무엇인가요? (   )

① 숙군성으로 돌아가라
② 성문을 열고 항복하라.
③ 성 밖으로 모두 나와라.
④ 불벼락을 내려라.

4 ㉠침략을 바르게 읽은 것은 어느 것인가요

① 침냑   ② 침약
③ 침략   ④ 침락

　후퇴하자마자 갑자기 불화살이 날아왔습니다. 그러나 후퇴한 뒤라 고구려군은 무사할 수 있었습니다.
　광개토대왕은 *견고한 숙군성을 무너뜨릴 방법을 생각하면서 성을 한 바퀴 돌아보다가 숙군성으로 들어가는 물줄기를 보았습니다.
　광개토대왕은 병사들에게 말했습니다.
　"숙군성을 통과하는 물줄기를 막아라. 물줄기를 막으면 성 안에서는 마실 물이 없어 성문을 열고 물을 길러 나올 것이다. 우리는 숨어 있다가 성문을 열면 재빨리 공격한다."

다음 문제를 읽고 물음에 답하세요.

1 광개토대왕은 답신을 보자마자 군사들에게 어떻게 하라고 했나요?
( )

① 후퇴하라고 명령을 내렸다.
② 성을 공격하라고 했다.
③ 성 안으로 모두 숨으라고 했다.
④ 불벼락을 피하라고 했다.

2 광개토대왕은 숙군성을 무너뜨릴 방법으로 무엇을 선택했나요? ( )

① 식량이 들어가는 길을 막았다.
② 불화살을 쏘았다.
③ 물대포를 쏘았다.
④ 물길을 막아 버렸다.

3 광개토대왕은 물줄기를 막으면 어떻게 될 것이라고 예상했나요? 모두 고르세요. (,)

① 우물을 팔 것이다.   ② 성문을 열 것이다.
③ 물을 길러 나올 것이다.   ④ 모두 죽게 될 것이다.

*견고한 : 굳고 단단하다.

병사들은 숙군성으로 들어가는 물줄기를 막아놓고 기회를 엿보고 있었습니다.

며칠이 지나자, *예상했던 대로 성 안은 벌집을 쑤셔 놓은 듯이 큰 소동이 벌어졌습니다. 마실 물이 떨어지자 병사들은 목이 말라 *아우성이었습니다.

"아, 목이 ㉠마르다. 우리에게 물을 다오."

모용귀는 할 수 없이 성 밖에서 물을 길어 오기로 했습니다. 그는 날쌘 병사 몇 사람에게 물통을 나누어 주고 성문을 열게 했습니다. 그런데 성문이 열리는 순간, 고구려의 군사들이 재빠르게 성안으로 뛰어들어 갔습니다.

미리 숨어서 성문이 열리기를 기다리고 있었던 것입니다.

다음 문제를 읽고 물음에 답하세요.

1 마실 물이 없자 성안에서는 어떤 일이 벌어졌나요? 2가지를 고르세요.
(,   )

① 샘물을 파느라고 정신이 없었다.   ② 목이 말라 아우성이었다.
③ 성 밖으로 물을 길러 나왔다.   ④ 끝까지 버티었다.

2 ㉠<u>마르다</u>와 뜻이 같은 것을 찾아보세요. (   )

① 날씨가 맑아 빨래가 잘 <u>마른다.</u>
② 달리기를 했더니 목이 몹시 <u>마르다.</u>
③ 공부를 하느라 몸이 많이 <u>말랐다.</u>
④ 비가 오지 않아 냇물이 <u>마르다.</u>

> 똑같은 '마르다'이지만, 문장에 따라 뜻이 달라요.
> · 물기가 다 날라가 없어지다.
> · 물을 마시고 싶다.
> · 살이 빠져 야위었다.
> 의 뜻이 있으니 잘 살펴 보아야 해요.

3 광개토대왕이 숙군성을 물리치는 과정을 순서대로 번호를 써 보세요.

(   )

(   )

(   )

(   )

 낱말공부

*예상 : 일을 직접 당하기 전에 미리 생각하여 둠   *아우성 : 떠들썩하게 소란을 피움

　숙군성은 순식간에 광개토 대왕의 손에 넘어갔습니다. 고구려군은 *여세를 몰아 현도성과 요동성까지 단숨에 함락시켰습니다. 광개토 대왕은 *광활한 요동 땅을 둘러보며 감격의 눈물을 흘렸습니다.
　"할아버지, 아버지! 기뻐하십시오! 마침내 우리 땅을 되찾았습니다."
　광개토대왕이 후연을 무너뜨리자, 그 후 주변의 부족들까지 항복해와 우리나라 역사상 가장 크게 땅을 넓혔습니다.

　이처럼 우리 역사에서 가장 넓은 땅을 차지했던 광개토대왕은 413년 39세의 한창나이에 세상을 떠났습니다. 414년에 그의 아들인 장수왕이 그의 *업적을 기리는 큰 비석을 세웠습니다. 만주 지린성 지안현 퉁거우에 있는 이 광개토대왕 비에는 다음과 같은 노래가 적혀 있습니다.

은혜로운 *혜택을 하늘에서 받으시어
위엄 있는 무력을 *사해에 떨쳤노라.
나쁜 무리는 쓸어서 제거하시니
뭇사람이 편안히 *생업에 *종사하도다.
나라가 부유해지고 백성이 잘 살아
온갖 곡식이 풍성하게 익었도다.

광개토대왕비

다음 문제를 읽고 물음에 답하세요.

1 광개토대왕이 함락시킨 성은 어디 어디인가요? 차례대로 써 보세요.

☐ → ☐ → ☐

2 우리 역사상 가장 넓은 땅을 개척한 왕은 누구인가요? ( )

① 광개토대왕　　② 고국원왕
③ 근초고왕　　　④ 세종대왕

3 장수왕이 아버지 광개토대왕의 업적을 기리는 비석을 세웠는데 그 이름이 무엇인가요?

☐☐☐☐☐

> 광개토 대왕비는 거대한 화강암에 한자로 새겨 놓은 비석으로, 높이가 어린이 키의 4배가 넘어요. 현재 중국 지안에 있답니다.

4 '넓은'을 바르게 읽은 것은 어느 것인가요? ( )

① 널은　② 너븐　③ 널븐　④ 넙은

 **낱말공부**

*여세 : 어떤 일을 겪은 다음의 나머지 세력이나 기세
*광활한 : 막힌 데가 없이 트이고 넓은
*업적 : 어떤 일에서 세운 공적
*혜택 : 은혜와 덕택을 아울러 이르는 말
*사해 : 온 세상
*생업 : 살아가기 위하여 하는 일
*증시 : 어떤 일을 일 삼아서 함

두 번째 이야기

문무를 겸비한
위대한 장군 을지문덕

서기 612년(고구려 영양왕 23년 2월), 수나라 황제 '양제'는 직접 113만 대군을 이끌고 고구려로 쳐들어왔습니다. 워낙 많은 군사라 그 길이가 *①**백 리**에 이르렀습니다.

일찍이 이렇게 많은 군사로 전쟁을 일으키는 경우는 세계에서도 없었습니다. 이것은 어떻게 해서든지 고구려를 ***멸망**시키겠다는 뜻이 강하게 담겨 있는 것이었습니다.

한편 수나라 황제 '양제'가 직접 113만 대군을 이끌고 쳐들어온다는 소식을 들은 고구려 ***조정**은 발칵 뒤집혔습니다.

다음 문제를 읽고 물음에 답하세요.

1 고구려로 쳐들어온 수나라 황제는 누구인가요? (　　)

① 양제　　　　　② 문제
③ 양견　　　　　④ 수제

2 수나라 황제는 군사를 얼마나 데리고 왔나요? (　　)

① 10만　　　　　② 30만
③ 103만　　　　 ④ 113만

3 수나라가 많은 군사를 이끌고 쳐들어온 이유는 무엇일까요? (　　)

① 고구려가 강해서　　　　② 고구려가 무서워서
③ 고구려를 꼭 멸망시키려고　④ 고구려가 좋아서

4 ㉠백 리를 바르게 읽은 것은 어느 것인가요? (　　)

① 백니　　　　　② 뱅니
③ 백리　　　　　④ 뱅리

낱말공부

*백 리 : 거리의 단위. 약 40km
*멸망 : 망하여 없어짐
*조정 : 임금이 나라의 정치를 신하들과 의논하거나 집행하는 곳

'영양왕'은 즉시 대신들을 모아 놓고 대책을 논의했습니다. 그 결과, 전략에 뛰어나고 문무를 겸비한 을지문덕을 총 대장으로 하여 수나라 침략을 막아 내기로 하였습니다. 영양왕은 을지문덕을 불렀습니다.

"장군을 총 대장군으로 *임명하니 적을 물리치시오."

"예, 적을 몰아내겠습니다."

을지문덕은 명을 받자마자 바로 장수들을 불러 회의를 열고 병사들을 모아 훈련을 시켰습니다.

을지문덕의 훈련기술은 너무나 뛰어나 훈련을 시작한 지 얼마 안 되어 고구려군은 강한 군대로 변해 갔습니다. 그러나 수나라 군사가 워낙 많아 걱정이 이만저만이 아니었습니다.

수나라군은 *질풍같이 쳐 내려와 4월에는 요동성을 포위했습니다. 사기가 오른 수나라 군사들은 요동성을 여러 번 공격했습니다. 그러나 목숨을 걸고 용맹스럽게 싸우는 고구려군을 당해 낼 수가 없었습니다. 요동성은 그야말로 *철옹성이었습니다.

★ 지도나 지구본을 이용하여 요동성을 찾아가며 공부해 보세요.

*임명 : 일정한 지위나 임무를 남에게 맡김   *질풍같이 : 몹시 빠르고 거세게 부는 바람처럼
*철옹성 : 쇠로 만든 독처럼 튼튼하게 둘러쌓은 산성이라는 뜻으로, 방비나 단결 따위가 견고한 상태를 이르는 말

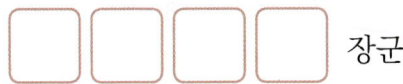

1 고구려 왕은 누구에게 수나라 군대를 물리치라고 했나요?

☐☐☐☐ 장군

2 고구려군은 훈련 기간이 짧았지만 강한 군대가 될 수 있었던 이유는 무엇인가요? (　　)

① 고구려 사람들이 워낙 힘이 세서
② 고된 훈련을 받았기 때문에
③ 을지문덕의 훈련 기술이 뛰어나기 때문에
④ 수나라 군사가 너무 무서워서

3 '몹시 빠르고 거세게 부는 바람처럼 강하게' 쳐 내려오는 수나라 군사를 무엇과 같다고 했나요?

☐☐ 같이 쳐 내려온다.

4 수나라 군사들이 요동성을 여러 번 공격했지만, 요동성이 끄떡 없었던 까닭은 무엇인가요? (　　)

① 요동성은 철로 만들어져 있어서.
② 수나라 군사들이 지쳐서
③ 수나라 군사들의 힘이 약해서
④ 고구려 군사들이 목숨을 걸고 용맹스럽게 싸워서

　봄이 지나 무더운 여름이 되었습니다. 그러나 요동성은 무너지지 않았습니다. 수나라 군사들은 지칠 대로 지쳤습니다. 먹을 것이 없어 굶주림에 시달리는 형편이었습니다.

　이들은 중국에서 떠나올 때 100일분의 *식량만 받았습니다. 100일 정도면 충분히 고구려를 *굴복시킬 수 있다고 생각한 것입니다.

　고구려 공격이 뜻대로 되지 않자, 양제는 *작전을 변경하지 않을 수 없었습니다.

　양제는 장수들을 모아 놓고 말했습니다.

　"나는 요동을 칠 테니, 우문술과 우중문은 고구려의 수도인 평양성을 쳐라!"고 명령하며 30만 명의 군사를 별도로 주었습니다.

1 수나라 군사들은 식량을 왜 100일 치만 가지고 왔나요? 이유를 본문에서 찾아 써 보세요.

2 다음 보기 중 낱말의 뜻이 다른 하나를 고르세요. (　　)

① 맛있는 음식을 먹었더니 **배**가 부르다.
② **배**가 고파 힘이 없다.
③ 엄마가 아픈 **배**를 만져주셨다.
④ 과일 중에서 나는 **배**를 좋아한다.

> **동음이의어** : 소리는 같지만, 뜻이 다른 낱말들을 동음이의어라고 합니다.
>
> [예] 눈 : 사람(동물)의 눈　-　눈 : 겨울에 내리는 눈
>
> 　　밤 : 어두운 밤　　　-　밤 : 먹는 밤

*식량 : 생존을 위하여 필요한, 사람의 먹을거리
*굴복 : 머리를 숙이고 꿇어 엎드림
*작전 : 군사적 목적을 이루기 위하여 행하는 조치나 방법을 짜는 일

"언제까지 요동성 공격에만 매달릴 수 없다. 군을 나누어 고구려 수도인 평양성을 공격해 무너뜨리면 요동성은 자연히 무너질 것이다."
우중문과 우문술은 요동을 떠나 *압록강에 이르러 진을 쳤습니다.
압록강에는 이미 을지문덕이 *방어진을 치고 있었습니다.
을지문덕은 압록강 물줄기를 바라보며 생각에 잠겼습니다.
"*손자병법에도 적을 알고 나를 알면 *백전백승이라고 했다. 적군의 상황을 알아야 한다. 내가 직접 적의 *진영에 가서 살펴봐야겠다."

을지문덕이 계획을 밝히자 수많은 장수들이 반대했습니다.
"장군은 우리 군의 총지휘관인데 직접 가셨다가 무슨 변을 당하시면 큰일입니다. 부하 중 똑똑한 사람을 뽑아 보내십시오."
"나도 그것을 모르는 것은 아니지만 적은 군사가 워낙 많소. 이번 전쟁은 나라의 운명이 달린 중요한 일이니 내가 직접 다녀오겠소."
이렇게 하여 을지문덕은 먼저 수나라 장수 우중문에게 사람을 보내 고구려가 곧 *항복하겠다고 알렸습니다.
이 소식을 들은 우중문은 너무나 기뻐 어쩔 줄 몰랐습니다. 고구려의 총대장인 을지문덕이 항복하러 오겠다고 했기 때문입니다.

*압록강 : 우리나라에서 제일 긴 강으로 백두산에서 시작하여 황해로 흘러듬
*방어진 : 적의 공격을 막기 위하여 만든 진지
*손자병법 : 중국 오나라의 손무가 편찬한 병법서
*백전백승 : 싸울 때마다 모두 이김
*진영 : 군대가 진을 치고 있는 곳
*항복 : 적이나 상대편의 힘에 눌리어 굴복함

다음 문제를 읽고 물음에 답하세요.

1 고구려를 공격한 수나라의 장수들은 누구누구인가요?

☐☐☐ 과 ☐☐☐

2 백 번 싸우면 백 번 이긴다는 뜻을 가진 단어는 무엇인가요? (　　)

① 백발백중　　② 백전백승
③ 칠전팔기　　④ 백절불굴

> **백발백중** : '백번 쏘아 백번 다 맞춘다'는 말로 '틀림없다'는 뜻.
> **칠전팔기** : 일곱 번 넘어지고 여덟 번 일어난다는 뜻
> **백절불굴** : 수없이 많이 꺾여도 이겨나감.

3 을지문덕 장군이 방어진을 친 곳은 어디인가요? (　　)

① 청천강　　② 두만강
③ 압록강　　④ 황하강

4 을지문덕 장군이 직접 적의 진영을 방문한 까닭은 무엇인가요? (　　)

① 적군에게 식량을 갖다 주려고
② 적에게 항복하기 위해서
③ 적군과 담판을 하려고
④ 적군의 상황을 직접 살펴보기 위해서

　을지문덕은 목숨을 걸고 수나라 진영을 찾아갔습니다.
　을지문덕은 우중문에게 거짓 항복 문서를 바쳤습니다.
　"항복하겠다고? 그게 정말인가?" 우중문은 너무나 기뻐 항복 문서를 들여다보며 을지문덕을 *극진히 대접했습니다.
　그러는 동안 을지문덕은 수나라 *진영을 살펴보았습니다. 식량은 이미 떨어졌고, 수나라 군사들은 기운이 하나도 없어 보였습니다. 피로와 배고픔에 지쳐, 몸을 가누지 못하는 군사도 눈에 띄었습니다.
　우중문이 말했습니다.
　"을지문덕 장군! 항복문서 한 장으로 항복했다고 우리 황제에게 말할 수 없으니 고구려 왕이 직접 와서 항복하라고 하시오."
　"알겠습니다. 왕이 직접 오셔서 항복하도록 하겠습니다."

다음 문제를 읽고 물음에 답하세요.

1 을지문덕 장군이 수나라 장수에게 거짓 항복 문서를 바친 까닭은 무엇인가요? (   )

① 항복하려고
② 수나라 군사가 너무 많아서
③ 적의 진영에 들어가 살펴보려고
④ 우중문이 어떻게 하나 알아보려고

2 거짓 항복문서를 받은 우중문은 을지문덕 장군에게 어떻게 하였나요?

너무나 ☐☐ 하며 ☐☐☐ 대접했다.

3 적의 진영의 상태는 어떠하였는지 **잘못** 말한 것을 찾아보세요. (   )

① 피로와 배고픔에 지쳐있었다.
② 이미 식량이 다 떨어졌다.
③ 군사들은 기운이 하나도 없었다.
④ 전쟁에 이기겠다는 자신감에 차 있었다.

4 우중문은 누가 직접 와서 항복하라고 요구했나요?

☐☐☐ 왕

낱말공부

*극진히 : 마음과 힘을 다하여 애를 쓰는 것이 매우 지극하게
*신영 : 군대가 신을 지고 있는 곳

　을지문덕은 공손히 말하고 압록강으로 말을 달렸습니다. 을지문덕은 타고 온 배에 올랐습니다.
　그때였습니다. 우중문이 부하 장병들을 데리고 황급히 쫓아오며 외쳤습니다.
　"을지문덕 장군! 잠깐만 기다리시오. 잠시 의논할 일이 있소."
　그러나 을지문덕은 자기를 잡으러 오는 것을 이미 알고 있었으므로 뒤도 돌아보지 않고 ㉠*유유히 압록강을 건너갔습니다.

　우중문은 멀어져 가는 배를 바라보며 속을 태웠습니다.
　'을지문덕 장군은 적의 총대장이고, 전술이 뛰어난 용감한 장수이니 절대로 놓쳐서는 안 된다'는 양제의 명령이 *불현듯 떠올라 *부리나케 쫓아왔지만, 을지문덕은 이미 사라진 후였습니다.
　우중문은 을지문덕을 풀어 준 것이 후회스러웠지만 어쩔 수 없었습니다.

*유유히 : 움직임이 한가하며, 여유가 있고 느리게
*불현듯 : 갑자기 어떠한 생각이 걷잡을 수 없이 일어나는 모양
*부리나케 : 서둘러서 아주 급하게

다음 문제를 읽고 물음에 답하세요.

1 우중문이 을지문덕을 보낸 후 갑자기 떠오른 양제의 말을 본문에서 찾아 써넣어 보세요.

> 을지문덕 장군은 적의 총대장이고, ☐☐☐ 이 뛰어난 ☐☐ 이니 절대로 ☐☐☐ 는 안 된다.

2 ㉠<u>유유히</u> 와 비슷한 말은 다음 중 어느 것인가요? ( )

① 서둘러서　　② 급하게
③ 천천히　　　④ 황급히

3 을지문덕이 건너간 강의 이름을 찾아 써 보세요.

☐☐☐

4 우중문은 멀어져 가는 배를 바라보며 마음이 어떠했나요? ( )

① 을지문덕이 떠나 기분이 상쾌해졌다.
② 을지문덕을 살려 준 것이 후회스러웠다.
③ 을지문덕을 이겨서 기분이 좋았다.
④ 을지문덕이 떠나 쓸쓸해졌다.

우중문은 우문술을 불러 말했습니다.

"장군! 우리가 을지문덕에게 속은 것 같소. *전군으로 고구려군을 무찌릅시다."

"그건 안 될 말입니다. 지금 식량이 거의 떨어져 모든 병사가 굶주리고 있습니다. 황제께 말씀드려 잠시 물러났다가 다시 공격하는 것이 좋겠습니다."

우문술의 말에 우중문은 화를 벌컥 냈습니다.

"장군! 제정신으로 하는 소리요? 30만 대군을 거느리고도 작은 나라의 *한 줌도 안 되는 병사들을 무찌르지 못하고 무슨 ㉠낯으로 황제를 뵙겠소. 우리는 살아남지 못할 것이오."

라고 말하며 걱정을 했습니다.

결국, 수나라 *별동대는 우중문의 뜻대로 압록강을 건너 고구려로 쳐들어왔습니다.

 낱말공부

*전군 : 전체의 군대를 이르는 말
*한 줌도 안 되는 : 한 손안에도 채 차지 못할 정도로 매우 적은
*별동대 : 작전을 위하여 본대에서 따로 떨어져 나와 독자적으로 행동하는 부대

다음 문제를 읽고 물음에 답하세요.

1 을지문덕에게 속은 우중문은 우문술에게 어떻게 하자고 하였나요? (   )

① 황제께 말씀드려 잠시 물러났다가 다시 치자.
② 그만 수나라로 돌아가자.
③ 전군으로 고구려를 무찌르자.
④ 적진에 들어가서 을지문덕을 잡아오겠다.

2 ㉠낮은 무엇을 나타내는 말인가요? (   )

① 해가 떠 있는 환한 상태   ② 얼굴
③ 풀을 베는 데 쓰는 농기구   ④ 생각

> 발음이 비슷하여 철자가 틀리기 쉬우니, 뜻을 구별하여 사용하세요.
> **낯** : 얼굴
> **낮** : 밤의 반대 말. 해가 뜰 때부터 질 때까지의 동안
> **낫** : 풀을 베는 데 사용하는 기구

　을지문덕은 수나라 군사가 식량이 없는 것을 알고 있었기 때문에 적을 물리칠 계획을 이미 세우고 있었습니다. 수나라 군사들이 북을 치고 *함성을 지르며 고구려군을 공격하면 고구려군은 몇 번 싸우는 ㉠척하다가 곧 도망치기 시작했습니다.
　"고구려군이 도망친다! 모두 총공격하라!"
　수나라 군사들은 신이 나서 고구려군을 뒤쫓았습니다. 그러나 고구려군은 도망치다가 덤벼들고 또다시 도망치곤 하였습니다.

　이러는 사이 어느덧 수나라 군사들은 *살수(청천강)를 건너 평양성 30리 밖까지 깊숙이 쫓아오게 되었습니다.
　을지문덕의 전략대로 적이 *유인책에 걸려든 것입니다.
　을지문덕은 공격에 앞서 시 한 수를 지어 적장 우중문에게 보냈습니다.

낱말공부

*함성 : 여러 사람이 함께 외치거나 지르는 소리
*살수 : '청천강(평안북도 서남부를 흐르는 강)'의 옛 이름
*유인책 : 주의나 흥미를 일으켜 꾀어내는 전술

1 을지문덕 장군은 어떤 전략을 세웠나요? 빈칸에 써보세요.

싸우는 척하다가 ☐☐☐☐ 를 반복하여, ☐☐ 를 건너 ☐☐☐ 30리 밖까지 깊숙이 쫓아오도록 하는 ☐☐☐ 을 썼다.

2 ㉠척과 뜻이 <u>다르게</u> 쓰인 것은 어느 것인가요? (   )

① 바다 위에 배가 한 척 떠 있었다.
② 나는 공부하는 척하였다.
③ 동생은 부끄러운 척 고개를 숙였다.
④ 친구가 나에게 친한 척 인사를 했다.

3 을지문덕의 전략에 걸려든 수나라 병사들의 상황이 어떠한지 모두 고르세요. (,   )

① 식량이 떨어져 굶주렸다.   ② 고구려를 이겨 신이 나있다.
③ 함성을 지르며 계속 공격을 했다. ④ 지칠 대로 지쳐 있었다.

4 적군을 속여 계획대로 꾀어내는 전술을 무엇이라고 하는지 본문에서 찾아 써 보세요.

☐☐☐

우중문은 시가 적힌 종이를 펼쳐 보았습니다.

귀신 같은 그대의 전술은 하늘에 닿았고
*절묘한 *책략은 땅에 통달하였소.
전쟁에 승리한 공이 이미 드높으니
만족함을 알고 인제 그만 그치기를 바라노라.

이 시가 그 유명한 '여수장우중문시'입니다.
㉠이 시를 받은 우중문은 "아, 고구려에 이렇게 *지략과 문무에 통달한 장군이 있었구나!" 한탄하면서 을지문덕 장군이 있는 한 아무리 군사가 많아도 승리하기 어렵다는 것을 깨달았어요.
또 지금까지 계속 이기고 고구려 깊숙이 들어온 것도 을지문덕 장군의 계략이라는 것을 알아차렸어요.

"고구려군에게 속았다. 빨리 후퇴하자! 후퇴하라!"
"적을 공격하라! 남의 땅을 함부로 *짓밟은 *대가를 치르게 하라! 적군을 한 놈도 살려 보내지 마라!"
을지문덕 장군은 고구려군에게 총공격 명령을 내렸습니다.
수나라군은 이미 싸울 힘을 잃은 상태였습니다. 군사들은 도망치기에 바빴습니다.

다음 문제를 읽고 물음에 답하세요.

1 을지문덕 장군이 수나라 장수에게 보낸 시를 무엇이라 하나요?

□□□□□□ 시

> 을지문덕 장군은 수나라 장수 우중문에게 이 시를 지어 보내 적의 마음을 안심시키고, 싸움에서 물러나기를 바랐어요.

2 시를 받은 우중문은 무엇을 깨달았나요?

□□□□ 장군이 있는 한 아무리 군사가 많아도 승리하기 어렵다는 것을 깨달았어요.

3 ㉠<u>이 시</u>는 어떤 시를 말하나요?

① 을지문덕이 지은 시 ② 우중문이 지은 시
③ 수나라 장수가 지은 시 ④ 을지문덕이 받은 시

4 우중문이 생각하는 을지문덕 장군은 어떤 사람인가요 모두 고르세요.

(,)

① 한탄을 많이 하는 사람 ② 지략이 뛰어난 사람
③ 문무를 통달한 사람 ④ 공격을 좋아하는 사람

낱말공부

- **절묘** : 비할 데가 없을 만큼 아주 교묘함
- **책략** : 어떤 일을 꾸미고 이루어 나가는 교묘한 방법
- **지략** : 어떤 일이나 문제든지 명철하게 분석·평가하여 해결책을 능숙하게 세우는 뛰어난 슬기와 계략
- **짓밟은** : 남의 땅을 침범한
- **대가** : 노력이나 희생을 통하여 얻게 되는 결과

　고구려군에게 쫓긴 수나라군은 살수에 이르렀습니다. 병사들이 살수를 중간쯤 건너갈 때였습니다.
　"둑을 무너뜨려라! 총공격하라!" 하는 소리와 함께 세찬 물줄기가 쏟아지기 시작했습니다. 이것을 미리 계획하고 강물을 막아 놓았던 것입니다.
　"앗, 강물이다! 어서 땅으로 올라가자!"
　수나라군은 순식간에 *아수라장이 되었습니다. 그러나 때는 이미 늦었습니다.

다음 문제를 읽고 물음에 답하세요.

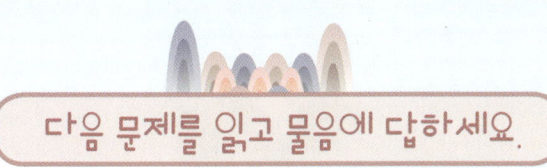

1 수나라군이 속은 걸 알고 후퇴를 하여 살수 중간에 이르자, 을지문덕 장군은 어떤 명령을 내렸나요? (   )

① 활을 쏘아라. ② 돌을 굴려라.

③ 둑을 무너뜨려라. ④ 강물을 막아라.

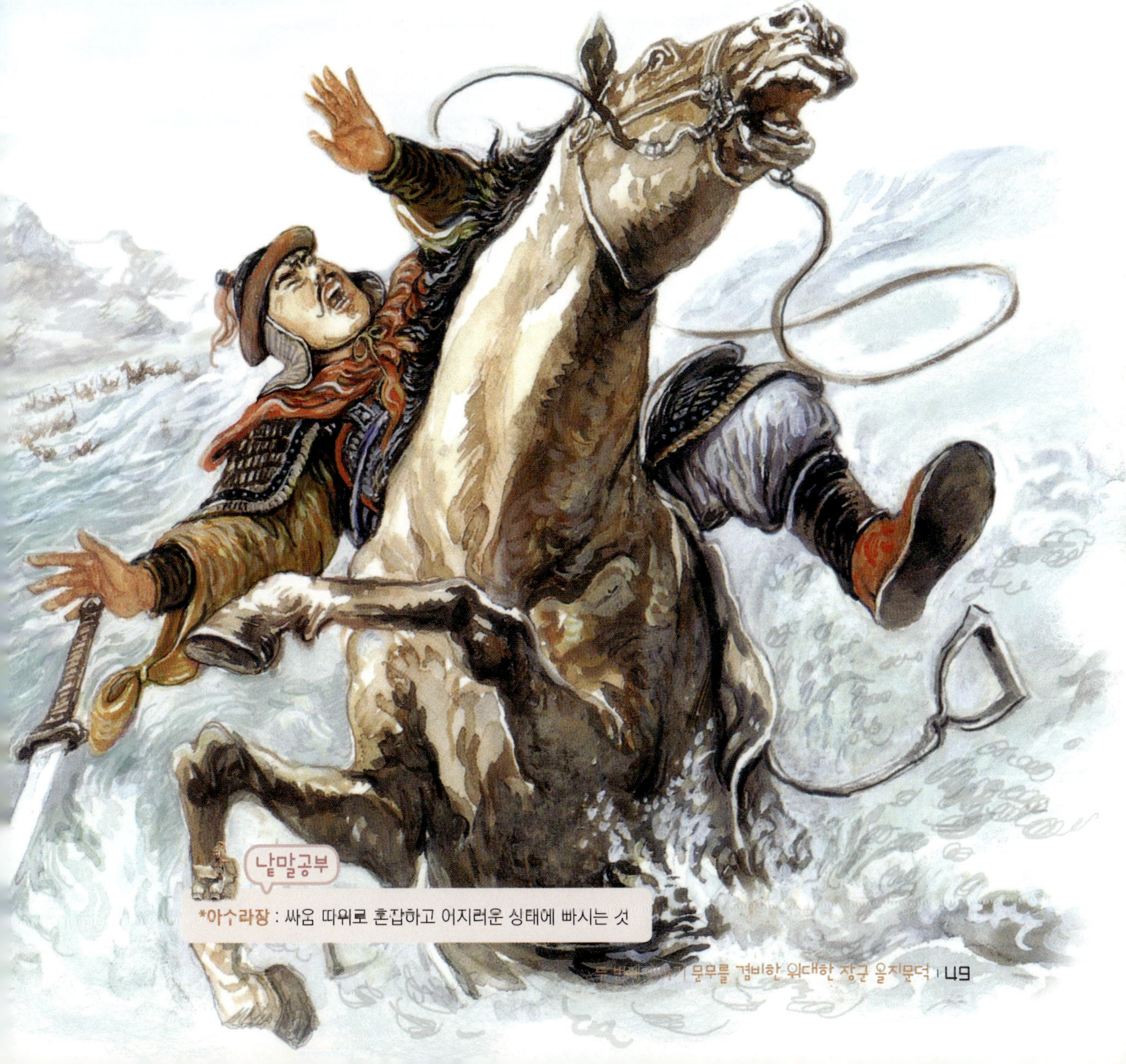

낱말공부

***아수라장** : 싸움 따위로 혼잡하고 어지러운 상태에 빠지는 것

　수나라군을 향해 화살이 빗발처럼 쏟아졌습니다.
　강 언덕에 숨어 있던 고구려 군사들이 일제히 화살 공격을 퍼부은 것입니다. 수나라군은 30만 5천 명 가운데 살아남은 군사는 겨우 2,700여 명뿐이었습니다.
　이 싸움이 전쟁사에 길이 빛나는 '살수대첩'입니다.

　수나라는 결국 이 전쟁에서의 *패배로 나라가 *멸망하게 되었습니다.
　전쟁에서 지고 가던 수나라 양제는 이렇게 *한탄했다고 합니다.
　"아, 어찌 을지문덕 같은 명장이 고구려에 있었다는 말인가!"
　을지문덕은 우리나라 역사상 문무를 겸비하고 *병법에 뛰어났던 위대한 장군이었습니다.
　고구려 사람들은 위기로부터 나라를 구한 을지문덕 장군의 *사당을 지어놓고 해마다 장군의 *업적을 기리는 제사를 드렸다고 합니다.

낱말공부

*패배 : 겨루어서 짐
*멸망 : 망하여 없어짐
*한탄 : 원통하거나 뉘우치는 일이 있을 때, 한숨을 쉬며 탄식함
*병법 : 군사를 지휘하여 전쟁하는 방법
*업적 : 어떤 사업이나 연구 따위에서 세운 공적
*사당 : 조상의 신주를 모시고 제사지내는 집

다음 문제를 읽고 물음에 답하세요.

1 을지문덕 장군이 살수에서 수나라의 30만 대군과 싸워서 크게 이긴 전투를 무엇이라 하나요?

□□□□

2 우리나라 역사상 문무를 겸비하고 병법에 가장 뛰어났던 장군은 누구인가요?

□□□□ 장군

3 고구려와 수나라의 싸움에서 어느 나라가 이겼나요? (   )

① 고구려　　　　② 수나라
③ 신라　　　　　④ 비겼다.

4 고구려 사람들이 해마다 제사를 드리는 이유는 무엇인가요? (   )

① 수나라를 위로 하기 위해서
② 고구려를 칭찬하기 위해서
③ 을지문덕 장군의 업적을 기리기 위해서
④ 수나라 양제의 업적을 기리기 위해서

세 번째 이야기

삼국통일을 이룬 김유신 장군

김유신은 본래 가야국 사람으로, 김유신의 증조할아버지는 신라에 의해 *멸망한 금관가야의 왕이었어요.

가야가 신라에 항복할 때, 법흥왕이 자신의 성을 따르게 하고 *진골로 대접해주어 김유신 *가문은 신라의 귀족이 되었어요.

유신은 어려서부터 총명하고 지혜로웠으며, 무술솜씨가 뛰어났어요. 그래서 전쟁놀이를 하면 언제나 대장이었답니다.

김유신은 열다섯 살 되던 해에 화랑이 되어 수많은 낭도를 거느렸어요.

'화랑'은 진흥왕이 좋은 *인재를 구하기 위해 만들었던 신라 시대의 청소년 수련단체인 화랑도의 우두머리예요. 화랑도의 낭도들은 전국 산과 들을 다니며 *무예를 익히고 *수련을 하였어요.

다음 문제를 읽고 물음에 답하세요.

> 가야는 품질 좋은 철이 많이 나기로 유명했어요. 일본, 중국, 낙랑에까지 철을 수출한 가야는 높은 문화수준을 이루었어요. 그러나 연맹왕국으로 강력한 왕권이 형성되지 못해 무너졌어요.

1 누구에 대한 이야기인가요?

☐☐☐

2 김유신은 본래 어느 나라 사람인가요? ( )

① 성산가야   ② 고령가야   ③ 금관가야   ④ 대가야

3 진흥왕이 좋은 인재를 구하기 위해 만들었던 신라 시대의 청소년 수련단체는 무엇인가요?

☐☐☐

4 화랑도의 낭도들은 어떤 일을 하였나요?

전국 산과 들을 다니며 ☐☐ 를 익히고 ☐☐ 을 하였어요.

 낱말공부

*멸망한 : 망하여 없어진
*진골 : 신라 신분제도인 골품제 가운데 성골 다음의 신분으로, 왕족임
*가문 : 한집안의 계보나 권위
*인재 : 어떤 일을 할 수 있는 능력을 갖춘 사람
*무예 : 무기를 부리는 기술
*수련 : 마음, 무술을 닦아서 단련함

신라는 고구려와 백제의 끊임없는 침략을 받고 있었어요.
'나라를 위해 일하려면 무엇보다도 몸과 마음을 닦아 힘을 길러야겠어!'
이렇게 생각한 유신은 중악산에 올라가 기도를 하였어요.
"고구려와 백제의 침략으로부터 신라를 지키고 싶습니다. 저에게 두 나라를 이길 수 있는 지혜와 힘을 주십시오."
김유신은 그곳에서 한 노인을 만나 새로운 무술을 익혔어요.
그리고 배운 무술을 낭도들에게 가르쳤어요.

629년 고구려가 침략 해왔어요. 유신은 화랑이 되어 처음으로 아버지를 따라 고구려 *낭비성 전투에 참가하게 되었어요.
'반드시 승리하여, 화랑의 *용맹을 보여주리라!'
싸움이 오랫동안 계속되고, *부상자가 늘어나 *사기가 떨어지고 있을 때, 유신이 아버지에게 말했어요.
"아버님, 제가 나가 싸우겠습니다."
"좋다. 나가서 화랑으로서 용감함을 보여 주도록 하여라."
유신이 적진으로 힘차게 뛰어들어가 적장의 목을 베자, 군사들의 사기가 치솟아올라 신라군은 승리를 거두게 되었어요.

*낭비성 : 충청북도 청주의 옛 지명
*용맹 : 용감하고 사나움
*부상자 : 다친 사람
*사기 : 자신감으로 가득 찬 기세

다음 문제를 읽고 물음에 답하세요.

1 신라는 어떤 나라들의 침략을 받았나요?

□□ 와 □□□

2 김유신은 나라를 위해 일하려면 무엇이 필요하다고 하였나요? (   )

① 수많은 군사를 길러야 한다.
② 몸과 마음을 닦아 힘을 길러야 한다.
③ 남을 속일 수 있는 꾀가 있어야 한다.
④ 높은 벼슬을 해야 한다.

3 유신이 화랑이 된 후 처음으로 참가한 전투는 무엇인가요?

□□□ 전투

4 낭비성 전투는 어느 나라가 승리를 거두었나요? (   )

① 고구려   ② 백제
③ 신라   ④ 일본

어느 날, 김유신은 친구들과 술집에 갔다가 만난 천관이라는 기생에게 마음을 빼앗겨 수련을 소홀히 하였어요. 그 사실을 안 어머니는 김유신을 몹시 꾸짖었어요.

"네가 *장차 삼국통일의 ㉠큰 뜻을 이루어야 할 아이이거늘, 기생 집에 출입한다니, 화랑으로서 부끄럽지도 않느냐?"

"어머니, 다시는 천관을 찾아가지 않겠습니다. 용서해 주십시오."

그런데 어느 날, 수련을 마치고 말을 타고 오는 길에 너무 피곤하여 깜빡 졸다가 눈을 떠보니 천관의 집 앞에 있었어요.

"아니, 이게 어찌 된 일인가!"

*평소 김유신이 수련을 마치고 오는 길에 천관의 집에 들렀기 때문에, 잠깐 졸고 있는 사이에 말이 *습관처럼 천관의 집으로 온 것이었어요. 김유신은 화가 나서 그 자리에서 아끼던 말의 목을 베어버렸어요.

그 뒤로 유신은 삼국을 통일하겠다는 생각으로 힘과 지혜를 기르고, 군사를 키우는 일에만 정신을 쏟았습니다.

김유신은 화랑 중에서도 으뜸인 *국선이 되었어요.

국선이 된 유신은 동생 문희를 삼국통일을 꿈꾸고 있는 김춘추와 *혼인을 시켜 가까운 사이가 되었어요.

*평소 : 평상시. 보통 때
*장차 : 앞으로
*습관 : 오랫동안 되풀이하는 과정에서 저절로 익혀진 행동
*국선 : 화랑의 지도자
*혼인 : 결혼

다음 문제를 읽고 물음에 답하세요.

1 김유신은 왜 수련을 소홀히 하게 되었나요? (　　)

　① 천관에게 마음을 빼앗겨서
　② 너무 힘들고 재미가 없어서
　③ 앞날이 걱정되어서
　④ 어머니에게 꾸중을 들어서

2 ㉠큰 뜻은 무엇을 나타내나요? (　　)

　① 왕이 되는 것
　② 화랑의 으뜸이 되는 것
　③ 삼국을 통일하는 것
　④ 천관과 혼인하는 것

3 어머니의 꾸중을 들은 유신은 무엇을 약속했나요? (　　)

　① 공부를 더 열심히 해야겠다.
　② 삼국통일을 꿈꾸지 말아야겠다.
　③ 꼭 천관과 혼인을 해야겠다.
　④ 다시는 천관을 찾지 않겠다.

4 유신과 같이 삼국통일을 꿈꾸고 있던 사람은 누구인가요?

　　　□□□

  계속되는 싸움으로 김유신도, 군사들도 모두 몇 달째 집에 들어가지 못하고 다시 전쟁터로 가던 어느 날, 김유신의 집 앞을 지나가게 되었어요.
"장군님, 잠시 집에 들렀다가 가시지요."
"아니다. 다른 군사들도 다 집에 가고 싶을 텐데 나 혼자 집에 들어갈 수는 없는 일이다. 그 대신 우리 집에 가서 물 한 그릇만 떠 오너라."

  부하가 달려가 물 한 그릇을 가져오자, *단숨에 마시더니,
"우리 집 물맛이 그대로인 것을 보니 별일이 없구나. 자, 가자!"
유신은 전쟁터를 향해 다시 말을 몰았어요.
"저렇게 훌륭한 장군님을 두었는데, 우리가 *불평할 수는 없지."
군사들은 크게 감동하여 힘을 얻어 전쟁터로 나아갔어요.

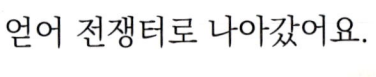 낱말공부

*단숨에 : 쉬지 아니하고 곧장
*불평 : 못마땅한 것을 말이나 행동으로 드러냄

다음 문제를 읽고 물음에 답하세요.

1. 이 글에 나타난 김유신은 어떤 사람인가요? ( )

① 욕심이 많다. ② 겁이 많다.
③ 남을 생각 할 줄 안다. ④ 집을 싫어한다.

선덕여왕이 세상을 뜨고, 진덕여왕이 왕위에 올랐어요.

김유신의 *활약에도 백제의 침략이 끊임없이 계속되자, 진덕여왕은 김춘추를 당나라에 *사신으로 보내 *동맹을 맺었어요.

진덕여왕이 왕위에 오른 지 8년 만에 세상을 뜨자, 김춘추는 김유신이 추대하여 태종무열왕이 되었어요. 이제 남은 *유일한 꿈은 삼국 통일뿐이었어요.

때마침 백제의 의자왕이 술에 빠져 있다는 소문이 들렸어요.

"마마, 지금이 백제를 칠 좋은 기회라고 생각됩니다. 당나라와 힘을 합쳐 백제를 치는 것이 좋겠습니다."

김유신의 말에 무열왕은 고개를 끄덕였어요.

"김유신에게 군사 5만을 주어 백제를 치게 하라!"

김유신은 황산벌로 향하였어요. 황산벌에는 계백 장군이 이끄는 죽음을 각오한 *결사대 5천 명이 기다리고 있었어요.

신라군은 백제군을 우습게 생각했어요. 그러나 백제군은 죽음을 각오했기에 *만만치가 않았어요.

 낱말공부

*활약 : 활발히 활동함
*사신 : 임금의 명령을 받고 외국에 사절로 가는 신하
*동맹 : 국가가 서로의 목적을 위하여 같이 행동하기로 맹세하여 맺는 약속
*유일한 : 하나밖에 없는
*결사대 : 죽기를 각오하고 있는 힘을 다할 것을 결심한 사람으로 이루어진 부대
*만만치 않다 : 그렇게 쉽지 않다. 힘들다.

다음 문제를 읽고 물음에 답하세요.

1 계속되는 백제의 침략에 신라는 어느 나라와 동맹을 맺었나요? (   )

① 고구려　　　② 당나라
③ 일본　　　　④ 송나라

> **신라와 당나라의 연합 :**
> 고구려의 위협을 받고, 백제의 공격으로 여러 영토를 잃고 어려움에 처한 신라는 당나라를 끌어 들였어요.

2 신라의 태종무열왕이 된 사람은 누구인가요? (   )

① 김유신　　　② 관창
③ 반굴　　　　④ 김춘추

3 김유신이 백제를 공격하기 위해 향한 곳은 어디인가요? (   )

① 황산벌　　　② 평양성
③ 사비성　　　④ 낭비성

4 황산벌 전투에서 백제를 이끈 장군은 누구인가요?

☐☐ 장군

백제군과의 싸움이 *치열하여 *기세에 몰리고 있을 때 화랑 '반굴'이 나섰어요.

"제가 계백 장군의 목을 베어 오겠습니다."

용감하게 나섰지만 얼마 지나지 않아 백제군의 칼에 죽고 말았어요. 군사들의 사기는 점점 떨어지고 있었어요. 그때 화랑 '관창'이 유신 앞에 나왔어요.

"장군님, 제가 나가 반굴의 *원수를 갚겠습니다."

관창도 용감하게 적진으로 뛰어들었어요. 어린 화랑들의 용맹스러운 모습을 본 군사들은 다시 힘을 모아 마침내 백제군을 물리쳤어요. 이 싸움을 '황산벌 전투'라고 해요.

그 뒤, 신라는 당나라와 힘을 합쳐 *사비성을 공격하여 백제를 멸망시켰고, 뒤이어 고구려의 *평양성까지 *함락시켜 고구려도 멸망시켰어요.

문무왕 668년, 드디어 꿈에 그리던 우리나라 역사상 최초의 삼국 통일이 이루어진 것이지요. 이때 김유신의 나이 74세였어요. 문무왕은 김유신에게 '*태대각간' 벼슬을 내려 그의 *공로를 칭찬했어요.

673년 1월, 젊은 시절의 꿈이었던 통일을 이룬 김유신은 79세의 나이로 세상을 떠났어요.

1. 백제군과의 전투가 치열하여 기세에 몰리고 있을 때, 목숨을 걸고 나선 화랑은 누구누구인가요?

   ☐☐ 과 ☐☐

2. 신라군과 백제군과의 마지막 싸움을 무엇이라 하나요?

   ☐☐☐ 전투

3. 삼국을 통일한 나라는 어디인가요? (   )
   ① 고구려   ② 백제   ③ 신라   ④ 당나라

4. 삼국 통일이 이루어진 것은 어느 왕 때 일인가요?

   ☐☐☐

 낱말공부

*치열하여 : 불길같이 사나워
*기세에 몰리고 : 상황이 점점 나빠지게 되고
*원수 : 자기에게 해를 끼친 사람
*사비성 : 충청남도 부여에 있는 백제의 성
*평양성 : 고구려 때에, 수도 평양을 방어하기 위하여 쌓은 성
*함락시켜 : 무너뜨려
*태대각간 : 신라 관직 중 최고관직
*공로 : 목적을 이루는 데 들인 노력과 수고

마음을 키워주는 한국의
위인 이야기 상

네 번째 이야기

바다의 왕자
장보고

다섯 번째 이야기

한글을 만드신
세종대왕

여섯 번째 이야기

노비에서 발명왕이 된
장영실

네 번째 이야기

바다의 왕자 장보고

통일신라 *후기인 약 800년 경. 한반도의 끝자락 *완도의 바닷가 어느 마을에 '궁복'이란 소년이 살고 있었습니다.

어렸을 때부터 활을 잘 쏘아 사람들은 '궁파'라고도 불렀습니다.

'궁파'는 '활을 잘 쏘는 사람'이라는 뜻입니다.

소년 궁복은 어리지만 큰 꿈을 가지고 있었습니다.

그러나 당시 신라에는 *골품제도라고 하는 신분제도가 있어서 궁복이의 신분으로는 아무리 노력해도 벼슬을 얻지 못하고 부자도 될 수 없었습니다. 그저 남의 일을 해주거나 뱃사람으로 *평생을 살아야 했습니다.

궁복에게는 정연이라고 하는 형제처럼 친하게 지내는 소년이 있었습니다. 궁복의 나이가 한두 살 위여서 정연은 형이라 부르며 그림자처럼 따랐습니다.

다음 문제를 읽고 물음에 답하세요.

1 누구에 관한 이야기인가요?

바다의 왕자 ☐☐☐

2 어느 때 있었던 일인가요? (   )

① 통일신라 전기　　② 통일신라 중기
③ 통일신라 후기　　④ 고려시대 초기

3 신라에서는 활을 잘 쏘는 사람을 어떻게 불렀나요? (   )

① 주몽　　② 궁파
③ 궁도　　④ 궁예

4 신분이 낮은 사람이 벼슬에 오를 수 없는 제도를 무엇이라고 했나요?

☐☐☐☐

> 골품제에 따라 태어나면서부터 신분이 정해졌어요. 신분에 따라 관직의 직급, 집의 크기, 옷의 색깔, 장신구까지 차별을 받았답니다.

5 장보고의 어릴 적 이름은 무엇이었나요?

☐☐

낱말공부

*후기 : 일정 기간을 둘이나 셋으로 나누었을 때의 맨 뒤 기간
*완도 : 남해 바다에 있는 섬. 신라 때 청해진이 있던 곳
*골품제도 : 신라시대의 신분제도
*평생 : 세상에 태어나서 죽을 때까지의 기간

둘은 마을의 *포구를 즐겨 찾았습니다.

왜냐하면, 마을 포구에는 가끔 커다란 당나라 장삿배가 들어오기 때문이었습니다.

당나라 *장삿배는 주로 신라와 일본을 오가며 물건을 사고파는 장사를 하는 배인데 물이나 식량 등 필요한 물건을 사기 위해 *종종 마을 포구에 머물렀다 가곤 했습니다.

그때마다 배에 있는 비단, 약재, 도자기, 책 등을 내놓고 *물물교환을 하거나 팔기도 했습니다.

이처럼 마을 포구는 당나라 장삿배들이 오는 날이면 물건을 사러 오는 장사꾼들로 온종일 붐볐습니다.

다음 문제를 읽고 물음에 답하세요.

1 궁복과 정연은 마을의 포구를 왜 즐겨 찾았나요?

커다란 ☐☐☐ ☐☐☐ 를 구경하려고

2 당나라 장삿배가 마을 포구에 들르는 까닭은 무엇인가요? ( )

① 일꾼을 구하기 위해 ② 무기를 사기 위해
③ 물이나 식량 등을 사기 위해 ④ 마을을 구경하기 위해

3 당나라 장삿배가 마을에 머무르는 동안 파는 물건이 <u>아닌</u> 것은 어느 것인가요? ( )

① 비단 ② 약재
③ 도자기 ④ 인삼

4 물건들을 내놓고 자기들이 필요한 물건끼리 서로 바꾸는 것을 무엇이라 하나요?

☐☐☐☐

 **낱말공부**

*포구 : 배가 드나드는 바닷가의 어귀
*장삿배 : 장사할 물건을 싣고 다니는, 그리 크지 아니한 배
*종종 : 가끔(시간적·공간적 간격이 얼마쯤씩 있게)
*물물교환 : 돈으로 매매하지 않고, 직접 물건과 물건을 바꾸는 일

그러던 어느 날, 정연이가 눈을 반짝이며 말했습니다.
"야, 당나라에서 온 장삿배다. 형, 가보자."
포구에는 벌써 물건을 사고팔려는 사람들로 붐비고 있었습니다.
큰 산처럼 버티고 있는 당나라 배를 보는 궁복의 눈은 그 어느 때보다 빛났습니다.
"저 배를 타야 당나라까지 갈 수 있다는 것이군!"
"응, 당나라는 우리 신라처럼 신분에 의해 그렇게 차별을 받지 않는대. 우리 같은 *천민들도 실력만 있으면 성공할 수 있는 나라래."

정연이는 나이는 어리지만 아는 것이 많았습니다.
궁복은 정연이의 말을 듣고 가슴이 두근거렸습니다.
'천민의 자식도 실력만 있으면 성공할 수 있다고? 신라는 아무리 똑똑해도 천민은 평생 천민으로 살아야 하는데, 당나라야말로 내 꿈을 마음껏 펼칠 수 있는 나라로구나. 그래, 당나라로 가자!'
그는 정연이를 보며 힘 있는 목소리로 말했습니다.
"정연아! 우리 함께 당나라로 가보지 않을래? 우린 이 땅에서 열심히 일해 봤자 평생 천민 신분에서 못 벗어나. 당나라에 가서 우리의 ㉠꿈을 맘껏 펼쳐보는 거야! 네 생각은 어떠냐?"
궁복이의 말에 마침내 정연이도 따르기로 했습니다.

*천민 : 신분 사회에서 천대를 받던 최하 계급

다음 문제를 읽고 물음에 답하세요.

1 포구는 어떤 사람들로 붐비고 있었나요?

물건을 □□□□ 는 사람

2 궁복과 정연은 당나라 배를 보면서 무슨 생각을 했나요? ( )

① 돈을 벌 수 있다는 생각
② 싸워서 이길 수 있다는 생각
③ 당나라로 건너갈 수 있다는 생각
④ 물건을 빼앗을 생각

3 궁복과 정연이 당나라에 가려고 한 까닭은 무엇인지 □ 안에 알맞은 낱말을 써 보세요.

당나라에서는 □□ 의 차별이 없어서, 실력만 있으면 □□ 할 수 있기 때문입니다.

4 ㉠꿈과 뜻이 다른 것은 어느 것인가요? ( )

① 슬기의 꿈은 화가가 되는 것입니다.
② 우리는 꿈을 이루기 위해 열심히 공부해야 해요.
③ 나는 어젯밤에 우주여행을 하는 꿈을 꾸었습니다.
④ 여러분도 꿈을 크게 가지도록 하세요.

    궁복이와 정연은 당나라로 떠날 수 있는 모든 준비를 마치고 당나라 배가 들어오기만을 기다렸습니다.

    그러던 어느 날, 지난번보다 더 큰 당나라 장삿배가 포구로 들어왔습니다. 밤이 되자 궁복과 정연은 당나라 배에 몰래 숨어 들어갔습니다. 왜냐하면, 돈도 없었고 배를 그냥 태워주지도 않을 것이기 때문입니다.

    배는 ㉠*밤낮을 가리지 않고 달렸습니다. 하루가 지나고, 또 며칠이 더 지나갔습니다. 창고 안에 숨어 있던 궁복과 정연은 며칠 동안 아무 것도 먹지 못했습니다. 두 소년은 배가 고파 더는 견딜 수가 없어 창고에서 나왔습니다.

다음 문제를 읽고 물음에 답하세요.

1 궁복과 정연이 당나라 배에 몰래 타기로 한 까닭은 무엇인가요? (   )

① 죄를 지어서 몰래 도망을 가려고
② 당나라로 가려는데 돈이 없어서
③ 무역을 하고 싶어서
④ 배가 타보고 싶어서

2 배에 몰래 숨어 있던 궁복과 정연이가 창고 밖으로 나온 까닭은 무엇인가요? (   )

① 너무 배가 고파서
② 배를 구경하려고
③ 선장에게 인사하려고
④ 너무 답답하여서

3 밑줄 그은 ㉠밤낮을 가리지 않고는 무슨 뜻인가요? (   )

① 밤인지 낮인지 확인하지 않고
② 밤과 낮을 바꾸어
③ 쉬지 않고 계속하여
④ 위험을 무릅쓰고

*밤낮을 가리지 않고 : 밤과 낮을 따지지 않고. 쉬지 않고 계속

"웬 놈들이냐?"
궁복과 정연을 발견한 선원들이 둘을 에워싸며 소리쳤습니다.

중국말을 못하는 궁복은 *손짓 발짓까지 해가며 당나라 배에 숨어서 탈수밖에 없었던 사정을 말했습니다. 그래도 안 되자 종이를 달라고 해서 당나라 배에 숨어 탄 까닭을 글로 써서 적어 주었습니다.
선장은 소년들의 뜻을 어느 정도 알아차렸습니다.
다행히 선장은 *이해심이 많고 좋은 사람이었습니다.
"허허, 용기가 대단하구나! 좋다. 당나라까지 태워다 주마."
"고맙습니다! 선장님, 이 은혜는 평생 잊지 않겠습니다."

궁복과 정연은 청소나 심부름을 하면서 무사히 당나라 땅에 도착하게 되었습니다.
두 소년은 남의 집 하인으로 들어가 열심히 일했습니다.
그리고 틈틈이 무술 공부도 게을리하지 않았습니다.
그렇게 몇 년의 세월이 지났습니다. 궁복과 정연은 이제 소년의 티를 벗고 씩씩한 젊은이가 되었습니다.

*손짓 발짓 : 말로 하여서는 부족한 감정이나 정황을 손과 발을 놀려 표현하는 일
*이해심 : 사정이나 형편을 잘 헤아려 주는 마음

다음 문제를 읽고 물음에 답하세요.

1 궁복이 선원들에게 잡혔을 때 손짓 발짓과 글로 설명을 한 까닭은 무엇인가요? (   )

① 불쌍한 척하려고
② 중국말을 몰라서
③ 잘 보이려고
④ 너무 무서워 말을 할 수가 없어서

2 당나라 배의 선장은 어떤 사람이었나요?

□□□ 이 많고 □□ 사람

3 궁복과 정연은 배에서 어떤 일을 하면서 지냈나요?

□□ 나 □□□ 을 하면서 지냈다.

4 두 소년의 당나라에서 생활을 <u>잘못</u> 말한 것은 어느 것인가요? (   )

① 남의 집 하인으로 들어갔다.
② 열심히 일했다.
③ 틈틈이 무술 공부도 하였다.
④ 당나라 사람인 척하고 살았다.

　　마침 *무관을 뽑는 시험이 있었습니다. 신라와는 다르게 나라나 신분과 관계없이 실력만 있으면 누구나 참가할 수 있었습니다.
　　"정연아, 우리한테 드디어 기회가 온 거야. 무관시험에 *응시하자."
　　"그래, 형! 우리의 실력을 보여주자!"
　　둘은 무관을 뽑는 무술 대회에 나갔습니다. 수많은 사람들이 참가하였습니다. 그러나 평소 꿈을 가지고 한시도 *무술연마를 게을리 하지 않은 궁복과 정연을 당할 사람은 아무도 없었습니다. 궁복과 정연은 당나라 사람들을 당당히 물리치고, 나란히 무관시험에 합격하여 군관이 되었습니다.

　　궁복은 당나라 사람들이 부르기 쉬운 '장보고'라고 이름도 바꿨습니다. 장보고는 점점 벼슬이 높아져 무령군 소장이 되었습니다. 정연도 그 이듬해에 무령군 소장의 자리에 올랐습니다. 둘은 나란히 신라를 떠나온 소년에서 당당히 당나라 장군이 된 것입니다.
　　어느 날, 두 사람은 신라 사람들이 모여 사는 '*신라방'이 있는 곳으로 갔습니다. 장보고와 정연은 고향 생각이 날 때마다 이 신라방을 즐겨 찾았습니다.

*무관 : 군에 적을 두고 군사 일을 맡아보는 관리
*응시 : 시험에 응함
*무술연마 : 무도에 관한 기술 따위를 힘써 배우고 닦음
*신라방 : 통일 신라 시대에, 당나라에 설치한 신라인의 거주지. 중국을 왕래하는 상인과 스님 등이 모여 자치적으로 동네를 이룸

다음 문제를 읽고 물음에 답하세요.

1 무관시험은 누가 볼 수 있나요? (   )

　① 신분이 높은 사람들만 볼 수 있다.
　② 당나라 사람들만 볼 수 있다.
　③ 실력만 있으면 누구나 참가할 수 있다.
　④ 신라 사람들은 볼 수 없다.

2 궁복과 정연은 어떻게 해서 군관이 되었나요?

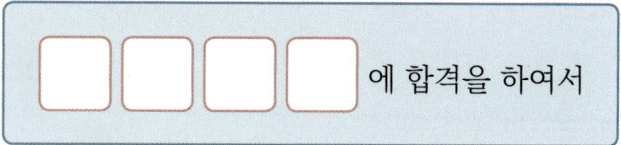

□□□□ 에 합격을 하여서

3 궁복은 이름을 왜 장보고로 바꾸었나요? (   )

　① 궁복이라는 이름이 싫어서
　② 당나라 사람들이 부르기 쉽게 하려고
　③ 아이들이 놀려서
　④ 신라 사람이라는 것을 모르게 하려고

4 당나라에서 신라 사람들이 모여 사는 곳을 무엇이라고 하나요?

    이날도 신라방을 향해 가다가 두 사람은 뜻밖의 *광경을 보고 걸음을 멈추었습니다. 5~6명의 아이가 땀을 뻘뻘 흘리며 무거운 돌을 나르고 있었는데, 한 아이가 돌의 무게를 못 이겨 바닥에 쓰러졌습니다.

    그러자 공사장 감독이 달려와 쓰러진 아이의 등을 채찍으로 때렸습니다. 아이의 등은 금방 빨갛게 핏자국으로 멍이 들었습니다.
"저런! 어린아이를 저렇게 심하게 때리다니……."
장보고와 정연은 너무나 놀라서 다가가 물었습니다.
"여보시오. 왜 어린아이들에게 심한 일을 시키고 그렇게 채찍으로 때리는 것이오? 너무 심하지 않소?"
"아, 장군님! 그런 말씀 마세요. 이 아이들은 사람이 아닙니다. 짐승만도 못한 *노예들 입니다. 신라에서 팔려왔거든요."

다음 문제를 읽고 물음에 답하세요.

1 장보고와 정연이 신라방을 향해 가다가 본 뜻밖의 광경은 무엇인가요? (   )

① 쓰러진 아이를 채찍으로 때리는 모습
② 당나라 사람이 신라 사람을 때리는 모습
③ 신라 사람과 당나라 사람이 싸우는 모습
④ 여러 아이가 한 아이를 때리는 모습

2 땀을 많이 흘리는 모습을 흉내 내는 말은 어느 것인가요? (   )

① 쿨쿨   ② 엉엉   ③ 뻘뻘   ④ 졸졸

3 매를 맞던 아이들은 누구였나요? (   )

① 백제에서 팔려온 아이들   ② 고구려에서 팔려온 아이들
③ 신라에서 팔려 온 아이들   ④ 당나라의 신분이 낮은 아이들

4 다음 문장에서 어울리는 낱말을 찾아 ○ 하세요

1) 깜박 잊고 숙제를 하지 [안아 / 않아 / 앉아] 야단맞았습니다.
2) 바른 자세로 [안아 / 않아 / 앉아] 글씨를 써야 합니다.
3) 엄마가 아기를 [안아 / 않아 / 앉아] 주었습니다.

> 소리는 같지만 문장의 뜻에 따라 쓰이는 글자가 달라요. 무엇을하지 않음을 나타낼때는 '~않다.' 엉덩이를 대고 앉는다는 뜻에는 '~앉다.' 품에 안아주다라는 뜻일 때는 '~안다.'를 써요

낱말공부

*광경 : 벌어진 일의 형편과 모양
*노예 : 남의 소유물로 되어 부림을 당하고, 물건처럼 사고 팔리던 사람

아이들이 신라에서 팔려 왔다는 말에 장보고는 깜짝 놀랐습니다. 그래서 곧바로 아이들에게로 다가가서 신라 말로 물었습니다.

"애들아, 너희가 신라에서 왔다는 것이 사실이냐? 우리도 신라 사람이니 안심하고 얘기해 보거라."

그러자 한 아이가 말했습니다.

"예, 저희는 신라에서 당나라 *해적들에게 붙잡혀 왔습니다."

"뭐라고? 당나라 해적들에게 붙잡혀 왔다고?"

"예, 장군님. 저희는 바닷가 마을에서 살고 있었는데, 해적들이 나타나 마을 집들을 불태우고, 저희를 당나라로 끌고 와 노예로 팔아 버렸습니다. 제발 저희를 구해 주세요."

"아, 어떻게 ㉠이런 일이 있을 수 있단 말인가!"

장보고는 화가 나서 참을 수가 없었습니다.

장보고는 돈을 주고 아이들을 구해 신라방으로 데리고 가서, 그간의 사정을 이야기했습니다.

장보고의 이야기가 끝나자, 한 사람이 말을 했습니다. 그는 당나라 구석구석을 돌아다니며 장사를 하는 신라 사람이었습니다.

"이 아이들뿐이 아닙니다. 수많은 신라 사람들이 붙잡혀 와 당나라 곳곳에서 노예 생활을 하고 있습니다."

장보고는 이 말을 듣고 화를 낼 기운마저 없었습니다.

다음 문제를 읽고 물음에 답하세요.

1 아이들은 누구에 의해 붙잡혀 팔려왔나요? (   )

① 당나라 해적들에게
② 당나라 군사들에게
③ 당나라 장사꾼들에게
④ 신라 군사들에게

2 장보고는 아이들을 어떻게 했나요? (   )

① 몰래 데리고 왔다.
② 싸워서 구해 주었다.
③ 모른 척하고 왔다.
④ 돈을 주고 구해 주었다.

3 ㉠이런 일이란 어떤 일을 말하나요? (   )

① 마을을 불태운 일
② 신라의 아이들이 노예로 팔려온 일
③ 바닷가 마을에서 잡혀 온 일
④ 해적들이 당나라 사람이란 것

*해적 : 배를 타고 다니면서, 다른 배나 해안 지방을 습격하여 재물을 빼앗는 강도

"이대로 두고 볼 수 없다. 어린아이들과 여자들까지 해적들에게 잡혀와 이곳에서 물건처럼 팔리고 있구나! 당나라에서 장군이 된들 무슨 소용이 있는가. 신라로 돌아가자."

어린 시절 큰 뜻을 품고 당나라에 건너와 *온갖 고생을 하며, 그 어렵다고 하는 당나라 장군이 되었는데, 어린이들 때문에 이 모든 것을 *포기하고 신라로 돌아간다는 것은 장보고로서도 쉽지 않은 결정이었습니다.

"형, 신라로 돌아간다는 것 다시 생각하면 안 될까? 이제 우리는 성공하고 자리도 잡혔는데, 이대로 포기하고 가면 너무 아깝지 않아?"

그러나 장보고는 어쩔 수 없이 당나라로 건너왔지만, 누구보다도 신라를 사랑했습니다.

"정연아, 사람이 산다는 것이 무엇이냐? 성공도 좋지만, 어린아이들이 해적들에게 잡혀 와 노예가 되어 짐승처럼 사는 잘못된 세상을 보고만 있을 수 없지 않니? 내가 신라로 돌아가려고 하는 것은 단순한 *애국심 때문만이 아니야. 바른 세상을 만들어 보고 싶어서 그래."

정연은 하늘을 찌를 듯 높은 장보고의 의젓한 *기상에 무릎을 꿇지 않을 수 없었습니다.

*온갖 : 이런저런 여러 가지의
*포기 : 하려던 일을 도중에 그만두어 버림
*애국심 : 자기 나라를 사랑하는 마음
*기상 : 사람이 타고난 기개나 마음씨

다음 문제를 읽고 물음에 답하세요.

1 수많은 신라 사람들이 붙잡혀 와 노예생활을 하고 있다는 소식을 듣고 장보고는 어떤 결심을 하였나요?

☐ ☐ 로 돌아가기로 했다.

2 당나라에 붙잡혀온 신라 사람들은 어떤 생활을 하고 있다고 했나요? (   )

① 물건을 팔러 다녔다.
② 노예생활을 하였다.
③ 부자가 되어 있었다.
④ 성공하여 행복한 생활을 하였다.

3 장보고가 신라로 돌아가겠다고 하자 정연은 어떻게 했나요? (   )

① 다시 생각해보자고 했다.
② 안 가겠다고 고집을 피웠다.
③ 화를 내며 싸웠다.
④ 신라로 돌아가게 되어 좋아했다.

4 장보고는 어떤 세상을 만들어 보고 싶다고 했나요? (   )

① 잘못된 세상　　　② 바른 세상
③ 행복한 세상　　　④ 애국자가 많은 세상

　장보고는 신라로 돌아온 것은 828년 봄, 흥덕왕 3년, 당나라로 건너간 지 20년 만의 일이었습니다. 장보고는 곧장 흥덕왕을 찾아가 말했습니다.
　"지금 우리나라 바닷가는 당나라 해적들이 수시로 쳐들어와 사람들을 죽이고 어린아이들과 여자들을 잡아가 노예로 팔고 있습니다. 저에게 군사를 내어 주시면 청해(지금의 완도)에 *진지를 쌓아 해적들을 물리치겠습니다."
　"좋다. 그대에게 1만의 군사를 내줄 테니 신라의 바다를 지키기 바란다. 그대를 청해진 *대사로 임명하노라."

　장보고는 *청해진을 중심으로 성을 쌓고 수백 척의 배를 만드는 한편, 바다를 지키는 군인들을 강하게 훈련시켰습니다.
　장보고는 당나라 해적들을 완전히 무찔러 버렸습니다. 해적들은 장보고의 이름만 들어도 도망치기에 바빴습니다. 장보고의 강력한 군사력에 당나라 해적은 물론, 일본 해적도 우리나라에는 얼씬도 못하게 되었습니다. 이른바 장보고는 바다의 왕자가 된 것입니다.

*진지 : 언제든지 적과 싸울 수 있도록 설비 또는 장비를 갖추고, 부대를 배치하여 둔 곳
*청해진 : 신라 흥덕왕 때, 장보고가 지금의 전라남도 완도에 설치한 진.
　　　　장보고는 이곳을 중심으로 해상권을 쥐고 중국의 해적을 없앴으며, 중국과 일본 사이의 중계 무역 요충지로 만들었다.
*대사 : 나라를 대표하여 다른 나라에 파견되어 외교를 맡아보는 관리

다음 문제를 읽고 물음에 답하세요.

1 신라로 돌아온 장보고는 흥덕왕을 찾아가 한 말입니다. □안에 알맞은 말을 써 보세요.

> "지금 우리나라 바닷가는 당나라 □□들이 수시로 쳐들어와 괴롭히니, 저에게 □□를 내어 주시면, 청해(지금의 완도)에 □□를 쌓아 □□들을 물리치겠습니다."

2 장보고가 당나라로 건너간 지 몇 년 만에 신라에 돌아오게 되었나요? (   )

① 10여 년   ② 20여 년   ③ 30여 년   ④ 40여 년

3 흥덕왕은 장보고를 무엇으로 임명했나요? (   )

① 재상   ② 장군   ③ 대사   ④ 길사

4 바다를 지키라는 왕의 명을 받고 장보고가 한 일이 <u>아닌</u> 것은 무엇인가요? (   )

① 청해진을 중심으로 성을 쌓았다.
② 수백 척의 배를 만들었다.
③ 바다를 지키는 군사들을 강하게 훈련시켰다.
④ 육지를 지키는 군사들을 강하게 훈련시켰다.

　장보고는 해적을 완전히 없애자 청해진을 '바다 무역의 중심지'로 키워나갔습니다.

　이후, '바다를 지배하는 자가 세계를 지배한다.'는 생각으로 청해진을 중심으로 한민족의 기상을 떨치며 신라와 중국, 일본을 연결하는 거대한 바닷길, 즉 바다의 *실크로드를 개척하였습니다. 청해진을 중심지로 중국과 일본은 물론 멀리 *이슬람 세계와도 *교역한 아시아 최초의 세계적 *무역 왕이 되었습니다.

1 장보고가 해적들을 다 물리친 후 청해진을 어떻게 만들었나요?

☐☐☐☐ 의 ☐☐☐ 로 키워나갔다.

2 청해진을 중심지로 교역한 나라가 <u>아닌</u> 곳은 어디인가요? (　　)

① 중국　　② 일본　　③ 이슬람 세계　　④ 미국

2 해상왕 장보고를 읽고 장보고에게서 배워야 할 점은 무엇인지 여러분의 생각을 써 보세요.

신라가 힘이 약해 백성들을 보호하지 못하던 때에, 장보고는 당나라에서 높은 벼슬도 버리고 신라로 돌아와 해적들을 물리쳤습니다.
그리고 청해진을 중심으로 해상무역을 펼쳐 무역 왕이 되었습니다.
큰 꿈을 가지고 열심히 노력하면 그 꿈을 이루게 되고, 많은 훌륭한 일을 할 수 있게 됩니다.
여러분! 꿈을 가지세요. 그리고 열심히 노력하세요!!

 낱말공부

***실크로드** : 내륙 아시아를 횡단하여 중국과 서아시아·지중해 연안 지방을 연결하였던 고대의 무역로
***이슬람 세계** : 이슬람교를 국교로 삼은 나라들이나 그런 문화권
***교역** : 주로 나라와 나라 사이에서 물건을 사고팔고 하는 일
***무역 왕** : 나라 사이에 물건을 사고파는 무역에서 으뜸이 되는 사람을 비유적으로 이르는 말

다섯 번째 이야기

한글을 만든 세종대왕

"왕자님, 밤이 깊었는데 주무시고 내일 보시지요."
"알았네. 조금만 더 보고."

이 말은 *충녕왕자와 왕자를 모시는 *시종 사이에 매일 밤 되풀이되는 대화내용입니다.

충녕은 태종 왕의 셋째 아들로, 어려서부터 책 읽기를 무척 좋아해서 책을 잡으면 시간 가는 줄을 몰랐습니다. 어떤 때는 읽고 또 읽어서 책 한 권이 저절로 외워지는 일도 있었습니다. 또 책을 읽느라 밤을 꼬박 새우는 일도 종종 있었습니다.

그러다 보니 병이 나서 앓아누운 적이 한두 번이 아니었습니다.

다음 문제를 읽고 물음에 답하세요.

1 누구에 관한 이야기인가요?

☐ ☐ ☐ ☐

2 세종대왕을 어렸을 때 어떻게 불렀나요? (   )

① 양녕　　　　　　② 효령
③ 충녕　　　　　　④ 성녕

3 세종대왕은 어려서부터 무엇을 좋아했나요? (   )

① 활쏘기　　　　　② 책 읽기
③ 말타기　　　　　④ 사냥하기

4 충녕은 태종 대왕의 몇째 아들인가요? (   )

① 첫째　　　　　　② 둘째
③ 셋째　　　　　　④ 넷째

★ 세종대왕은 어려서부터 책을 즐겨 읽어서 백성을 위한 '한글'을 만드셨습니다.

 낱말공부

*충녕 왕자 : 태종의 셋째 아들로 나중에 세종대왕이 됨
*시종 : 조선 말기에 임금을 곁에서 모시는 사람

"허허, 큰일이구나. 충녕이 밤을 새워 책을 읽다가 또 병이 났단 말이냐?"

왕은 *한숨을 길게 내쉬었습니다.

왕은 충녕 왕자를 가르치는 선생님을 불러 말했습니다.

"충녕이 건강을 *해치면서까지 무리하게 책을 읽는다니 걱정이오. 충녕의 병이 나을 때까지 절대로 책을 보지 못하게 하시오."

태종 왕은 충녕의 방에 있는 책을 모두 가져가 버렸습니다. 그러나 왕은 항상 책을 읽고 공부하기를 좋아하는 충녕을 깊이 사랑하고 있었습니다.

1418년(태종 18년) 6월, 충녕은 *세자가 되었습니다.

첫째 왕자와 둘째 왕자 모두가 동생인 충녕 왕자가 공부를 열심히 하여 *총명한 것을 알고 세자의 자리를 *양보했기 때문입니다.

그리고 같은 해 8월에는 22세의 나이로 왕의 자리에 올랐습니다.

이 분이 바로 *집현전을 확장하여 한글을 만드시고 장영실 같은 과학자를 길러 내는 등 수많은 업적을 쌓으신 우리 민족의 자랑스러운 위대한 왕인 세종대왕입니다.

1420년, 세종대왕은 왕이 되신 얼마 후 집현전을 확대하여 *실용적인 학문 연구기관으로 바꾸었습니다.

전국에서 뽑은 훌륭한 학자들이 불편함 없이 연구에 *전념할 수 있도록 하였습니다.

다음 문제를 읽고 물음에 답하세요.

1 왕의 걱정은 무엇이었나요? (   )

  ① 충녕이 건강을 해치면서 책을 읽는 것
  ② 충녕이 건강을 해치면서 말타기를 하는 것
  ③ 충녕이 책은 읽지 않고 놀기만 하는 것
  ④ 충녕이 책은 읽지 않고 사냥하기만 좋아하는 것

2 왕은 충녕이 걱정이 되어 어떤 명령을 하였나요?

  ☐ 이 나을 때까지 절대로 ☐ 을 보지 못하게 하라.

3 충녕은 셋째 왕자이지만 세자가 되었어요. 그 이유는 무엇인가요? 앞글에서 찾아 써 보세요.

```
┌─────────────────────────────────────┐
│                                     │
│                                     │
│                                     │
└─────────────────────────────────────┘
```

 낱말공부

*한숨 : 근심이나 설움이 있을 때, 또는 긴장하였다가 안도할 때 길게 몰아서 내쉬는 숨
*해치면서 : 어떤 상태에 손상을 입혀 망가지게 하다.
*세자 : 임금의 자리를 이을 왕자
*총명 : 썩 영리하고 재주가 있음.
*양보 : 길이나 자리, 물건 따위를 사양하여 남에게 미루어 줌
*집현전 : 고려 이래 조선 초기에 걸쳐 궁중에 설치한 학자양성과 학문연구를 위한 기관
*실용적 : 실제로 쓰기에 알맞은 것
*전념 : 오직 한 가지 일에만 마음을 씀

　어느 추운 겨울날 밤, *산책하던 세종대왕은 집현전 앞을 지나가다 눈이 휘둥그레졌습니다. 집현전에서 불빛이 새어 나오고 있었기 때문입니다.
"아니, 이 밤중에 웬 불이 밝혀져 있지?"
왕은 곁에 있는 시종에게 지시했습니다.
"뭘 하고 있는지 알아보고 오너라."
시종은 집현전으로 달려가 불 켜진 방으로 가 보았습니다.
방안에서는 글 읽는 소리가 들려오고 있었습니다.
시종이 문틈으로 살펴보니 신숙주 학사가 글을 읽고 있었습니다.

다음 문제를 읽고 물음에 답하세요.

1 집현전에서 밤늦게까지 공부한 학사는 누구인가요?

☐ ☐ ☐ 학사

2 다음에서 바르게 쓴 낱말에 ○하세요.

1) 불이 발켜져 ( ) / 밝혀져 ( )   있었습니다.

2) 눈이 휘둥그레졌습니다. ( ) / 휘둥그래졌습니다. ( )

낱말공부

*산책 : 휴식을 취하거나 건강을 위해서 천천히 걷는 일

"상감마마, 신숙주 학사가 책을 보고 있습니다."

"오, 그래? 장하구나! 이렇게 추운 겨울에 밤늦게까지 공부를 하다니. 너는 다시 집현전으로 가서 신숙주가 잠이 들면 나에게 와서 알려 다오. 나도 같이 자지 않고 기다리고 있겠다."

세종대왕도 자기 방으로 돌아와 책을 읽기 시작했습니다.

많은 시간이 흐른 후, 그 시종이 돌아와 신숙주가 잠이 들었다고 말했습니다.

"밤늦게까지 공부를 하다니. 날씨도 추운데……."

하시면서 왕은 입고 있던 *담비의 털로 만든 값비싼 *갖옷을 벗어 잠든 신숙주의 등을 덮어 주었습니다.

다음 문제를 읽고 물음에 답하세요.

1 신숙주가 새벽녘에 잠이 들자 세종대왕은 어떻게 해주었나요? (   )

　① 이불을 가져다 덮어 주었다.
　② 입고 있던 갖옷을 벗어 덮어 주었다.
　③ 방에 데려다 눕혀 주었다.
　④ 일어나라고 깨웠다.

2 잠든 신하에게 웃옷을 벗어 덮어 주는 모습을 보고 무엇을 느낄 수 있나요? 여러분의 생각을 써 보세요.

 **낱말공부**

*담비 : 족제빗과의 하나. 족제비보다 조금 크며, 자라면서 누런 갈색에서 검은 자색으로 변한다.
*갖옷 : 짐승 가죽으로 만든 옷

다섯 번째 이야기 한글을 만든 세종대왕 | 95

　새벽녘쯤 잠에서 깬 신숙주는 깜짝 놀랐습니다. 자기 몸에 덮인 값비싼 갖옷을 본 것입니다.
　"앗! 이상하다. 누구 옷이지? 누가 이런 따뜻한 털옷을 덮어 주고 갔을까?"
　그 옷이 바로 왕의 옷이라는 것을 뒤늦게 안 신숙주는 감격의 눈물을 흘렸습니다. 이 일은 곧 집현전 학사들에게 알려졌으며 모두 감격해 했습니다.
　이 일이 있는 뒤, 이들은 더욱더 열심히 공부하고 연구하여 많은 업적을 쌓게 되었답니다.

　이 집현전 학사들의 도움으로 지금 우리가 쓰고 있는 세계에서도 가장 우수한 문자인 한글이 만들어졌으며 세종대왕 때 이룩한 가장 찬란한 ***문화유산**입니다.

　한글은 '***훈민정음**'이라고 하며 이것은 '백성을 가르치는 바른 소리'라는 뜻입니다.

***문화유산** : 과거부터 전해져 오는 귀중한 문화재나 정신적·물질적 문화 양식
***훈민정음** : 백성을 가르치는 바른 소리라는 뜻으로, 1443년에 세종이 창제한 우리나라 글자를 이르는 말

다음 문제를 읽고 물음에 답하세요.

1 자신을 덮어 준 옷이 왕의 옷이라는 것을 알았을 때 신숙주의 기분은 어떠했을까요? (   )

① 감격했을 것이다.　　② 슬펐을 것이다.
③ 화가 났을 것이다.　　④ 부끄러웠을 것이다.

2 신숙주의 소식을 알게 되었을 때 집현전 학자들은 어떤 마음이었을까요?
(   )

① 자기들은 덮어주지 않아서 화가 났을 것이다.
② 신숙주만 사랑하여서 슬펐을 것이다.
③ 신하를 사랑하는 마음에 모두 감격했을 것이다.
④ 밤새워 공부하지 않아서 부끄러웠을 것이다.

3 우리나라 글 한글을 무엇이라 불렀나요?

□ □ □ □

> 〈훈민정음〉 해례본은 한글을 왜 만들었는지, 어떻게 사용해야 하는지에 대해 자세히 설명해 놓은 책입니다.

4 '훈민정음'의 뜻은 무엇인가요? 찾아 써 보세요.

　세종대왕은 직접 쓴 *훈민정음 머리말에서, 훈민정음을 만들게 된 까닭을 다음과 같이 밝혔습니다.

　"국어가 중국과 달라서 한자와 서로 통하지 아니하므로, 일반 백성이 말하고자 하지만 제 뜻을 쉽게 펴지 못하는 사람이 많다. 내가 이를 불쌍히 여겨 새로 28자를 만들었으니, 사람들이 쉽게 익혀 읽고 쓰기를 편안하게 하고자 할 따름이다."

　우리가 오늘날 우리만의 *문자를 가지게 된 것은 오로지 세종대왕 덕분입니다.

　세종대왕이 처음 만든 글자는 28자였지만 잘 쓰지 않는 네 글자가 없어져서 지금은 *닿소리 14자와 *홀소리 10자 등 모두 24자를 사용하고 있습니다.

훈민정음언해

다음 문제를 읽고 물음에 답하세요.

1 세종대왕은 훈민정음을 왜 만들게 되었다고 했나요? (   )

① 중국을 싫어해서
② 백성들이 한자를 배우기 싫어해서
③ 백성들이 글을 쉽게 배울 수 있도록 하려고
④ 책 읽기를 좋아해서

2 한글을 만들기 전까지 우리는 어떤 글자를 빌려 사용했나요? (   )

① 몽골어　　　　　② 한자
③ 일본어　　　　　④ 영어

3 세종대왕이 처음에 만든 글자는 모두 몇 글자였나요?

　　　　[　　　] 자

> 한글이 처음 만들어졌을때는 모두 28자인데, 현재는 ㆍ, ㆁ, ㅿ, ㆆ 이 없어지고 24자만 사용하고 있어요.

4 지금은 몇 글자를 사용하나요?

홀소리 [　　　] 자, 닿소리 [　　　] 자

 낱말공부

*훈민정음 : 백성을 가르치는 바른 소리라는 뜻으로, 1443년에 세종이 창제한 우리나라 글자를 이르는 말.
*문자 : 사람들이 서로 자기의 생각을 전하기 위해 만든 기호.
*닿소리 : ㄱ, ㄴ, ㄷ, ㄹ … 등 14자
*홀소리 : ㅏ, ㅑ, ㅓ … 등 10자

　우리 한글은 세계에서 가장 과학적이고 체계적인 글이라고 합니다.
　영국 옥스퍼드 대학교 언어학과에서는 세계 모든 문자를 연구하여 순위를 매겼는데 한글을 1위로 꼽았습니다.
　또, 1997년 10월 1일, 유네스코에서는 한글을 세계 기록유산으로 지정하였습니다.

　한글 외에도 세종대왕의 업적은 헤아릴 수 없이 많습니다.
　특히 과학 기술 분야에도 힘써 *신분을 가리지 않고 능력에 따라 *인재를 중용하여 신분이 낮은 장영실 같은 과학자도 발굴해 키웠습니다. 장영실을 책임자로 하여 측우기, 해시계, 물시계 등을 발명하였습니다. 또한 *화포를 *개량하고 새롭게 발명하여 군사력 강화에도 힘썼습니다.
　우리나라 *해안에 침범하여 도적질하는 왜구를 없애기 위해 대마도를 *정벌하였고, 압록강과 두만강을 경계로 *국경을 만든 것도 세종대왕입니다.
　이처럼 수많은 업적을 남긴 세종대왕은 32년 동안 나라를 다스리다가 1450년 2월 17일, 54세의 나이로 숨을 거두었습니다.

*신분: 개인의 사회적인 위치나 계급
*인재: 어떤 일을 할 수 있는 학식이나 능력을 갖춘 사람
*화포: 대포 따위처럼 화약의 힘으로 탄환을 내쏘는 대형 무기
*개량: 나쁜 점을 보완하여 더 좋게 고침
*해안: 바다와 육지가 맞닿은 부분
*정벌: 군사를 이용하여 적을 공격함
*국경: 나라와 나라의 영역을 가르는 경계

다음 문제를 읽고 물음에 답하세요.

1 다음 문장의 빈칸을 채워 보세요.

> 한글은 세계에서 가장 □□□ 이고,
> □□□ 인 글입니다.

2 유네스코에서는 한글을 무엇으로 지정했나요?

□□□□□□

3 세종대왕의 업적에 해당하는 것에 ○ 하세요.

1) 신분을 가리지 않고 능력에 따라 인재를 중용하였다. (   )
2) 장영실을 책임자로 하여 측우기, 해시계, 물시계 등을 발명하였다. (   )
3) 거북선을 만들었다. (   )
4) 화포를 개량하고 새롭게 발명하여 군사력을 강화시켰다. (   )
5) 화차를 만들었다. (   )
6) 집현전 학자들과 한글을 만들었다. (   )
7) 압록강과 두만강을 경계로 국경을 만들었다. (   )

4 영국 옥스퍼드 대학교 언어학과에서는 세계 모든 문자를 연구하여 순위를 매겼는데 한글은 몇 위를 하였나요?

□

여섯 번째 이야기

노비에서 발명왕이 된 장영실

백성을 위한 정치를 펴려고 했던 세종이 왕위에 오르면서 나라에는 새로운 기운이 퍼지기 시작했습니다.

이것은 세종이 백성을 위한 학문연구와 과학에 관심을 두고 힘썼기 때문입니다.

세종은 *천체를 연구하는 *천문학자 몇 사람을 서울에서 가까운 고을의 책임자로 임명하였습니다.

그리고 필요할 때마다 불러 하늘의 움직임을 관찰해 날씨를 살펴 농사짓는데 도움을 주도록 했습니다.

어느 날 세종은 천문학자들과 노비였던 장영실을 궁궐로 불러서 명령을 내렸습니다.

"중국에 가서 천문학에 관한 지식을 배워 오너라. 특히, 장영실은 천문 관측기구인 *혼천의를 배워오도록 하라."

다음 문제를 읽고 물음에 답하세요.

1 누구에 대한 이야기인가요?

☐

2 세종대왕은 천체를 연구하는 천문학자를 옆에 두고, 하늘의 움직임을 관측해 날씨를 살핀 까닭은 무엇인가요? ( )

① 하늘의 기운을 점치려고
② 천문을 공부하려고
③ 어부가 배를 타고 나가야 할지를 알아보려고
④ 농사짓는데 도움을 주려고

3 세종대왕이 장영실에게 중국에 가서 배워 오라고 한 것은 무엇인가요? ( )

① 해시계 만드는 방법
② 물시계를 만드는 방법
③ 혼천의를 만드는 방법
④ 측우기를 만드는 방법

4 장영실의 원래 신분은 무엇이었나요? ( )

① 상인   ② 양반   ③ 노비   ④ 중인

 낱말공부

*천체 : 우주에 존재하는 모든 물체. 항성, 행성, 위성, 혜성, 성단, 성운, 성간 물질, 인공위성 따위를 통틀어 이르는 말이다.
*천문학자 : 천문을 연구하는 학자
*혼천의 : 고대 중국에서 천체의 우행과 위치를 관측하던 장치

    장영실은 1421년(세종 3년), 최천구, 윤사웅과 함께 명나라로 떠난 지 1년 후, 명나라에서 여러 가지 과학 기술을 배우고 돌아왔습니다.
    장영실은 돌아오자마자 중국에서 배워 온 기술을 바탕으로 천문기구와 물시계 발명에 매달렸습니다. 장영실은 손재주가 뛰어난 데다 똑똑하고 부지런했습니다. 또한, 일을 맡기면 기어코 해내는 *끈기와 책임감이 강했습니다.

    장영실은 3년 동안 열심히 노력한 끝에 마침내 물시계와 천문관측 기계의 뼈대를 만들어 냈습니다. 이를 본 세종은 크게 기뻐하며 종의 신분을 벗겨주고 *첨지라는 벼슬까지 주었습니다. 그리고 과학연구에만 몰두할 수 있도록 해주었습니다.

    장영실은 온 힘을 다해 연구했습니다. 7년 뒤에는 달과 별의 움직임을 관측하는 기계인 '*간의'를 만들었고, 이어 '혼천의'도 만들었습니다.

*끈기 : 쉽게 단념하지 아니하고, 끈질기게 견디어 나가는 기운
*첨지 : 조선 시대에, 중추원에 속한 정삼품 무관의 벼슬
*간의 : 조선 시대에, 천체의 운행과 현상을 관측하던 기구의 하나. 세종 14년(1432)에, 이천·장영실 등이 나무로 만들어 실험에 성공하자, 구리로 다시 제작하였다.

1 장영실은 어떤 사람이었는지 <u>잘못</u> 말한 것은 어느 것인가요? (   )

① 손재주가 있다.   ② 부지런하고 똑똑하다.
③ 끈기와 책임감이 있다.   ④ 중인 집안에서 태어났다.

2 장영실은 3년 동안 열심히 노력한 끝에 무엇을 만들어 냈나요?

☐☐☐ 와 천문관측 기계의 뼈대

3 장영실이 만든 과학기구가 <u>아닌</u> 것을 찾아보세요? (   )

① 간의   ② 혼천의
③ 물시계   ④ 화차

4 달과 별의 움직임을 관측하는 기계의 이름은 무엇인가요? (   )

① 간의   ② 앙부일구
③ 물시계   ④ 화차

　1434년 6월, 장영실은 물의 흐름을 이용해서 자동으로 시간을 알리는 '자격루'라는 물시계를 만들었습니다.
　세종은 크게 기뻐하며, 장영실을 위해 큰 잔치를 베풀어 주었습니다.
　"훌륭하다. 장영실이 만든 자격루는 중국 것보다 훨씬 우수하구나."
　세종은 입에 침이 마르도록 장영실의 *공로를 칭찬했습니다.

　장영실은 임금의 칭찬에 힘입어 더욱더 노력하여 새로운 발명품을 만들기로 했습니다. 자격루는 시간을 알려주는 역할을 하고, 혼천의는 천체의 관측을 하는데 만 쓰는 기구죠. 그래서 이 두 가지를 합쳐 시간은 물론 계절의 변화와 절기에 따라 해야 할 농사일까지 알려주는 물시계를 만들기로 했습니다.
　4년 동안 밤낮없이 연구한 끝에, 1438년 1월에 자동 물시계인 '*옥루'를 만들어 냈습니다.
　세종을 비롯하여 대신들은 새로운 발명품인 옥루를 보고 깜짝 놀랐습니다. 그것은 앞서 만든 물시계보다 훨씬 우수한 것이었습니다.

자격루

다음 문제를 읽고 물음에 답하세요.

1 장영실이 만든 물시계에 대해 **잘못** 말한 것은 어느 것인가요? (　　)

　① 물의 흐름을 이용하여 만들었다.
　② '자격루'라고 불렀다.
　③ 중국의 물시계보다는 덜 우수하다.
　④ 자동으로 시간을 알려준다.

2 장영실이 만든 물을 이용해 시간을 알려주는 기구는 무엇인가요?

☐

3 장영실이 만든 천체의 관측을 하는 데 쓰는 기구는 무엇인가요?

☐

4 장영실이 만든, 시간은 물론 계절의 변화와 절기에 따라 해야 할 농사일까지 알려주는 물시계는 무엇인가요? (　　)

　① 자격루　　② 혼천의　　③ 간의　　④ 옥루

★ 세종의 신임을 받은 장영실은 연구를 거듭해 천문관측기구인 간의와 혼천의, 시각을 알려주는 자격루, 옥루 등을 발명한 조선 시대 최고의 과학자였습니다.

낱말공부

*공로 : 일을 마치거나 목적을 이루는 데 들인 노력과 수고
*옥루 : 세종 때 장영실이 만든 자동 물시계이다. 물이 떨어지는 힘으로 인형이 북, 종, 징을 쳐서 시각을 알렸다. 모든 기관은 사람의 힘을 빌리지 않고 자동으로 이루어졌다.

　　세종대왕은 옥루가 너무 신기하고 놀라워, 벌어진 입을 다물 줄을 몰랐습니다.
　　"허허, 이 모든 기계가 사람의 힘을 빌리지 않고 스스로 움직인단 말이지?"
　　"예, 전하. 물의 힘으로 기계가 움직이는 것입니다."
　　"도무지 믿어지지가 않는구나. 어떻게 물로 이렇게 움직인단 말이냐?"

　　세종은 인형들이 북과 종과 징을 쳐서 시각을 알려 주는 것을 보면서도 믿기지 않는 표정이었습니다.
　　함께 보는 대신들도 신기해하며 놀라기는 마찬가지였습니다.
　　세종은 너무나 기뻐서 장영실을 수없이 칭찬하였습니다.
　　"그대야말로 진정 우리나라의 *보배요. *과인은 ㉠그대가 만든 발명품들이 얼마나 자랑스러운지 모르겠소."
　　"전하, 황공하옵니다."
　　장영실은 자기를 인정해주는 왕이 너무나 고마워 그간의 수많은 고생과 피로도 잊고 감격의 눈물을 흘렸습니다.

* **보배** : 아주 귀하고 소중하며, 꼭 필요한 사람이나 물건
* **과인** : 임금이 자기를 낮추어 이르던 말

다음 문제를 읽고 물음에 답하세요.

1 옥루에 대해 바르게 설명한 것을 2가지 고르세요. (,   )

　① 기계가 물의 힘으로 스스로 움직인다.
　② 앞서 만든 물시계와 비슷하다.
　③ 인형들이 북과 종소리와 징을 쳐서 시각을 알려 준다.
　④ 해의 그림자의 위치를 보고 시각을 알 수 있다.

2 장영실은 자기를 알아주는 왕에게 어떤 마음이 들었을까요?

　┌─────────────────────────────┐
　│   │
　└─────────────────────────────┘

3 세종대왕은 왜 벌어진 입을 다물 줄 몰랐나요? (   )

　① 너무 무서워서　　　　② 너무 화가 나서
　③ 너무 뜻밖이어서　　　④ 너무 신기하고 놀라워서

4 ㉠그대가 만든 발명품들에 속하지 않는 것은 무엇인가요? (   )

　① 옥루　　　　　　　　② 자격루
　③ 거중기　　　　　　　④ 혼천의

　그러던 어느 날, 세종으로부터 비가 오는 양을 재는 '측우기'를 만들어 보라는 명을 받았습니다.
　장영실은 *서운관으로 갔습니다. 그러나 그곳에는 측우기에 관한 책은 단 한 권도 없었습니다. 장영실은 측우기에 대한 아무런 정보도 얻지 못한 ㉠채 집으로 돌아갔습니다.
　그날 저녁 무렵부터 비가 내리기 시작했습니다.
　장영실은 방문을 열고 비를 보면서 생각에 잠겼습니다.
　'이 비의 양을 잴 수 없을까?'
　그때 하녀 하나가 빗물을 받기 위해 *옹기그릇을 마당 한가운데에 놓았습니다.
　하녀가 놓고 간 옹기그릇을 무심코 바라보던 장영실은 갑자기 무릎을 쳤습니다. 그리고는 마당으로 뛰어나와 옹기그릇을 내려다보았습니다.

다음 문제를 읽고 물음에 답하세요.

1 비가 오는 양을 재는 기구를 무엇이라고 하나요?

☐ ☐ ☐

> 측우기는 비가 오는 양을 재어 농사짓는데 이용한 것으로, 우리나라가 세계에서 가장 먼저 발명하였답니다.

2 ㉠**채** 와 뜻이 **다르게** 쓰인 것은 어느 것인가요? ( )

① 옷을 입은 **채**로 잠이 들었다.
② 노루를 산 **채**로 잡았다.
③ 우리가 이사 온 지 한 달도 **채** 못 되었다.
④ 나는 부끄러워 고개를 숙인 **채** 말했다.

3 장영실은 무엇에서 힌트를 얻어 측우기를 만들게 되었나요?

하녀가 마당에 놓고 간 ☐ ☐ ☐ ☐

4 하녀는 왜 옹기그릇을 마당 가운데 두고 갔나요? ( )

① 햇빛에 소독하려고　　② 그릇을 말리려고
③ 빗물에 그릇을 씻으려고　④ 빗물을 받으려고

*서운관 : 기상을 관측하는 관청
*옹기그릇 : 진흙을 빚어 구워 만든 질그릇과 오지그릇

그릇 안에는 빗물이 고여 있었습니다.
"그래, 바로 이거야. 빗물을 받아 고인 물의 깊이를 자로 재면 비의 양을 알 수 있겠구나!"
장영실의 얼굴빛이 환해졌습니다.
다음 날 장영실은 곧바로 *작업에 들어가 쇠를 녹여 둥근 통으로 *측우기를 만들었습니다. 이때가 1442년 5월이었습니다. 이 기구가 세계 최초로 발명된 측우기입니다.
유럽에서 만든 것보다 약 2백 년이나 앞서 측우기를 발명한 것입니다.

측우기

장영실은 측우기에 이어 *수표를 발명했습니다. 수표는 강·저수지 등의 물의 깊이를 재기 위해 설치하는 눈금이 있는 표지인데, 청계천의 수위를 재는 데 처음으로 사용되었습니다.
장영실은 측우기와 수표를 만든 공로로 상호군(정3품)이 되었습니다.

*작업 : 일정한 목적과 계획 아래 하는 일
*수표 : 강이나 저수지 따위의 수위를 재기 위하여 설치하는 눈금이 있는 표지
*측우기 : 빗물의 양을 재는 도구

다음 문제를 읽고 물음에 답하세요.

1 장영실은 어떻게 비의 양을 잴 수 있다고 하였나요? (   )

① 웅덩이에 고인 비의 양을 잰다.
② 불어난 냇물의 높이를 잰다.
③ 통에 빗물을 받아 고인 양을 잰다.
④ 비가 온 시간을 잰다.

2 장영실이 만든 측우기는 유럽에서 만든 것보다 얼마나 앞서 만들었나요?
(   )

① 100년   ② 200년   ③ 300년   ④ 150년

3 만약 여러분이 측우기를 만든다면 어떤 모양으로 만들어야 비의 양을 정확히 잴 수 있을까요? (   )

①   ②   ③   ④

4 강·저수지 등의 물의 깊이를 재기 위해 설치하는 눈금이 있는 표지를 무엇이라고 하나요?

　다음 해 봄, 장영실에게 세종의 *가마를 만드는 일이 주어졌습니다.
　그 당시 세종은 나이가 많아 병든 몸을 이끌고 온천을 자주 찾았는데, 먼 거리용의 편안한 가마가 필요했던 것입니다.
　장영실은 가마의 *설계부터 만드는 일까지 온 힘을 기울였습니다.
　마침내 가마가 완성되었습니다. 그런데 이게 웬일입니까?
　세종이 새 가마를 타고 얼마 가지 않아 우지끈하는 소리와 함께 가마가 부서져 버리고 말았습니다.
　이 일로 대궐은 발칵 뒤집혔습니다. 다행히 세종이 다치지는 않았으나, 큰 사고였으므로 대신들이 들고일어나 장영실에게 벌을 주어야 한다고 했습니다.
　세종은 그의 *공적을 생각해서 용서하고 싶었으나 대신들이 가만있지 않았습니다.
　결국, 장영실은 *곤장 80대를 맞고 대궐에서 쫓겨났습니다.
　그 후 그의 행방은 전혀 알려진 것이 없습니다. 어디에서 어떻게 살다가 죽었는지 역사에 남은 기록이 없습니다.
　천한 신분을 이겨내고 과학의 길을 걸었던 장영실, 그의 과학에 대한 *열정은 그의 발명품들과 함께 오래도록 기억될 것입니다.

*가마 : 예전에, 한 사람이 안에 타고 둘이나 넷이 들거나 메던, 조그만 집 모양의 탈것
*설계 : 목적에 따라 실제적인 계획을 세워 그림으로 나타내는 일
*공적 : 노력과 수고를 들여 이루어 낸 일의 결과
*곤장 : 예전에, 죄인의 볼기를 치던 형벌
*열정 : 어떤 일에 열렬한 애정을 가지고 열중하는 마음

다음 문제를 읽고 물음에 답하세요.

1 장영실은 대궐에서 왜 쫓겨났나요? (   )

① 나이가 들어서 더는 일을 할 수 없어서
② 장영실이 만든 임금의 가마가 부서져서
③ 장영실이 높은 벼슬을 얻자 대신들이 시기해서
④ 장영실이 임금의 명령을 거역해서

2 장영실에게서 배울 점은 무엇인가요? 배우고 싶은 점을 각자 생각해서 써 보세요.

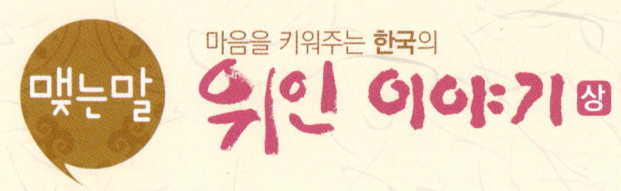

여러분!

여러분은 지금까지 '한국을 빛낸 위인들'의 삶에 대해 살펴 보았습니다.

여러분의 가슴을 가장 뿌듯하게 했던 분이 누구였나요?
미래를 향한 벅찬 감동이 느껴졌나요?
가슴속에서 용솟음치는 위인들의 기개가 느껴졌나요?

지금까지 살펴보았듯이 여러분 또래의 나이에, 빼앗긴 영토를 되찾겠다는 꿈을 키운 광개토 대왕과 책읽기를 좋아하여 학문 연구에 밤새는 줄 몰랐던 세종대왕, 천한 신분을 이겨내고 많은 발명품을 남긴 장영실 등….
위인들은 어려서부터 생각과 말, 행동이 남다른데가 있었습니다.

여러분도 이제부터는 위인들의 삶을 본받아, 컴퓨터나 스마트폰 등의 게임에서 벗어나서 여러분의 꿈을 키우도록 해야 하겠습니다.
하나씩 차근차근 준비해간다면 여러분이 가슴에 새겨 둔 위인을 닮아가고 있는 여러분 자신을 발견할 수 있을 것입니다.

지금까지 '마음을 키워주는 한국의 위인들 이야기'를 통해 깨닫게 된 점을 실천하기 위해서는 충분한 독서로 지식을 쌓아 두어야 하며, 그렇게 쌓은 지식이야말로 자신의 꿈을 이룰 수 있는 힘이 되는 것입니다.

"Boys Be Ambitious! 청소년이여 야망(꿈)을 가져라!"
큰 꿈을 갖고, 먼 훗날 대한민국을 세계 속에 우뚝 세울 위인들의 탄생을 기대합니다.

잠깐! 이 책을 읽고 가장 닮고 싶은 위인을 누구로 정했나요?
그 분을 '나의 위인'으로 정한 까닭을 30자 정도로 정리하여, 예쁘게 써서 책상머리에 붙여 두고 매일 아침 읽어 보며, 그 의미를 가슴에 새겨 보세요. 하루하루의 생활이 달라지고 있음을 느끼게 될 것입니다.

대한민국을 빛낼 미래의 위인, 바로 여러분 자신입니다!

2013년 4월 15일
이지교육 편집실에서

마음을 키워주는 한국의
위인 이야기 상

정답

첫 번째 이야기 위대한 나라 건설 광개토대왕

15쪽 **1** ② **2** ②,③ **3** ① **4** 늠름
17쪽 **1** 백성, 원한, 요동 땅 **2** ② **3** 반드시
19쪽 **1** ③ **2** ① **3** ③ **4** 가장 크게 넓힌
21쪽 **1** 백제, 58 **2** 내물왕 **3** 요동 **4** ②
23쪽 **1** 모용귀 **2** 후퇴 **3** ② **4** ①
25쪽 **1** ① **2** ④ **3** ②,③
27쪽 **1** ②,③ **2** ② **3** 4-1-2-3
29쪽 **1** 숙군성, 현도성, 요동성 **2** ① **3** 광개토대왕 비 **4** ③

두 번째 이야기 문무를 겸비한 위대한 장군 을지문덕

31쪽 **1** ① **2** ④ **3** ③ **4** ②
33쪽 **1** 을지문덕 **2** ③ **3** 질풍 **4** ④
35쪽 **1** 100일 정도면 충분히 고구려를 굴복시킬 수 있다고 생각했다. **2** ④
37쪽 **1** 우문술, 우중문 **2** ② **3** ③ **4** ④
39쪽 **1** ③ **2** 기뻐, 극진히 **3** ④ **4** 고구려
41쪽 **1** 용병술, 맹장, 놓쳐서 **2** ③ **3** 압록강 **4** ②
43쪽 **1** ③ **2** ②

두 번째 이야기 문무를 겸비한 위대한 장군 을지문덕

45쪽 **1** 도망치기, 살수, 평양성, 유인책 **2** ① **3** ②,③ **4** 유인책
47쪽 **1** 여수장 우중문 **2** 을지문덕 **3** ① **4** ②,③
49쪽 **1** ③
51쪽 **1** 살수대첩 **2** 을지문덕 **3** ① **4** ③

세 번째 이야기 삼국을 통일한 김유신 장군

53쪽 **1** 김유신 **2** ③ **3** 화랑도 **4** 무예, 수련
55쪽 **1** 백제, 고구려 **2** ② **3** 낭비성 **4** ③
57쪽 **1** ① **2** ③ **3** ④ **4** 김춘추
59쪽 **1** ③
61쪽 **1** ② **2** ④ **3** ① **4** 계백
63쪽 **1** 반굴, 관창 **2** 황산벌 **3** ③ **4** 문무왕

네 번째 이야기 바다의 왕자 장보고

67쪽 **1** 장보고 **2** ③ **3** ② **4** 골품제도 **5** 궁복
69쪽 **1** 당나라 장삿배 **2** ③ **3** ④ **4** 물물교환
71쪽 **1** 사고팔려 **2** ③ **3** 신분, 성공 **4** ③
73쪽 **1** ② **2** ① **3** ③
75쪽 **1** ② **2** 이해심, 좋은 **3** 청소, 심부름 **4** ④
77쪽 **1** ③ **2** 무관시험 **3** ② **4** 신라방
79쪽 **1** ① **2** ③ **3** ③ **4** 1) 앉아, 2) 앉아, 3) 안아
81쪽 **1** ① **2** ④ **3** ②
83쪽 **1** 신라 **2** ② **3** ① **4** ②
85쪽 **1** 해적, 군사, 진지, 해적 **2** ② **3** ③ **4** ④
87쪽 **1** 바다무역, 중심지 **2** ④ **3** 예) 나라를 사랑하는 마음, 어려운 환경에서도 열심히 노력하려는 정신 등

다섯 번째 이야기 한글을 만든 세종대왕

89쪽 **1** 세종대왕 **2** ③ **3** ② **4** ③
91쪽 **1** ① **2** 병, 책 **3** 첫째, 둘째 왕자 모두 충녕왕자가 공부를 열심히 하여 총명한 것을 알고, 세자의 자리를 양보했기 때문
92쪽 **1** 신숙주 **2** 밝혀져(○), 휘둥그레졌습니다.(○)
94쪽 **1** ② **2** 예) 백성(신하)을 사랑하는 어진 임금님이다. 등
97쪽 **1** ① **2** ③ **3** 훈민정음 **4** 백성을 가르치는 바른 소리
99쪽 **1** ③ **2** ② **3** 28(스물여덟) 자 **4** 10, 14
101쪽 **1** 과학적, 체계적 **2** 세계 기록유산
3 1) ○, 2) ○, 3) X, 4) ○, 5) X, 6) ○, 7) ○ **4** 1위

여섯 번째 이야기 노비에서 발명왕이 된 장영실

103쪽 **1** 장영실 **2** ④ **3** ③ **4** ③
105쪽 **1** ④ **2** 물시계 **3** ④ **4** ①
107쪽 **1** ③ **2** 자격루 **3** 혼천의 **4** ④
109쪽 **1** ①, ③ **2** 예) 고맙고 감격스럽다. 등 **3** ④ **4** ③
111쪽 **1** 측우기 **2** ③ **3** 옹기그릇 **4** ④
113쪽 **1** ③ **2** ② **3** ② **4** 수표
115쪽 **1** ② **2** 예) 자기일을 포기하지 않고 열심히 노력하는 모습 등

마음을 키워주는 한국의

위인 이야기 상

초판 1쇄 인쇄 | 2013년 6월 11일

글 | 이지교육 편집부

교정 | 박승필

기획/편집 | 강성실

그림 | 이남구

펴낸이 | 이은숙

펴낸곳 | 이지교육 등록번호 제 2011-000057 호

주소 | 서울특별시 양천구 목동 동로 430 상가 207호

전화 | 02-2648-3065

팩스 | 02-2651-2268

홈페이지 | www.easyhangeul.com

ISBN | 978-89-98693-12-1

*사진출처 : 두피디아, 청주고인쇄박물관, 규장각, 중앙박물관

*낱말사전 : 네이버 낱말사전, 동아 새국어 사전

잘못된 책은 바꾸어 드립니다.
본 책의 저작권은 이지교육에 있으며 저작권법에 의해 보호를 받는 저작물이므로 무단 복제와 전제를 금합니다.